세종과 맹사성의
미래경영 리더십

세종과 맹사성의
미래경영 리더십

맹주완 지음

보고사
BOGOSA

　우리는 매일 가슴 뛰는 삶을 살아가며 내게 최선의 것을 선택하고 판단하면서도 눈에 보이는 것이 전부가 아니라는 것쯤은 알고 있다. 우리 눈에 보이지 않는 나머지 일들은 그 누군가가 맡아서 애쓰고 있다는 사실도 알고 있다. 주어진 일에 책임을 다하는 삶은 역사의 중심에서 제 역할을 다하고 있는 것이다.

　'다르게 생각하라.'고 주문했던 스티브 잡스는 "소크라테스와 점심을 함께 할 수 있다면 애플이 가진 모든 기술을 그것과 바꾸겠다."고 선언하였다. 선언문엔 바꾸어야 할 대상을 명확히 지정해야 한다. 조선왕조 500년을 어떤 시대로 선언할 것인가. 2,077책(册)으로 이루어진 『조선왕조실록』은 27명의 왕들을 중심으로 한 기록이고, 정치적 파트너였던 재상들에 대한 이야기가 담겨있다. 왕들은 제왕적 리더십을 제대로 발휘했을까. 재상들은 능동적이고 소신껏 행동하며 자존감을 지켜가는 삶을 살았는가.

　만일 당신에게 기회가 주어진다면 "조선시대 왕들과 재상들 중에서 누구와 점심식사를 하겠는가?" 과거나 현재, 미래에 요구되는 리더 상에 큰 변화는 없다. 다만 글로벌화하고 첨단화로 가는 세상에서 국가의 격을 세우고 시민들의 안전을 생각하며 삶을 보다 편리하고 행복하게 이끌어줄 따뜻하고 능력 있는 리더가 요구될 뿐이다.

　이 글은 우리 사회를 올바른 방향으로 이끌어갈 리더의 필요성을 인식하고 진정한 리더에 대한 통찰을 얻고자 조선시대에 대표적인 인물로 분류되는 고불 맹사성과 조선시대 성군인 세종과 주변 인물들의 행적을 통해 시대가 요구하는 진정한 리더상을 제시하고자 하였다. 또한 조선시대의 시대사적 맥락과 현대적 관점으로 비교하여 살펴봄으로써 시대마다 요구되는 리더상은 무엇이었고 미래사회 리더는 어떻게 만들어지고 준비해야 하는지 그 방법을 제시하고자 한다.

이 글은 총 12개의 장으로 I장, 국가의 품격과 리더의 역할, II장, 조선의 개국과 왕조 500년, III장, 졸직한(拙直) 관리 고불 맹사성, IV장, 리더가 갖추어야 할 덕목, V장, 조선의 정치구조와 리더의 자질, VI장, 영토와 리더의 사상과 안보관, VII장, 리더의 국가경영과 외교정책, VIII장, 삶과 직결되는 세제와 복지정책, IX장, 조선의 성리학과 리더의 교육관, X장, 전통예법과 문화예술 향유권, XI장, 전환기에 위기관리 리더십, XII장, 첨단시대 국가경영의 리더십으로 구성되어 있다.

역사의 기술은 외세의 침략을 기준으로 자국사를 평가하는 것이 아니라 동시대사로 접근해야 한다. 이 글은 조선시대 역사와 세계사의 동시대성을 강조하기 위해서 때로는 세계사적 인물들과 비교하면서 시대가 요구하는 리더의 역할과 역량에 대해서도 알아보았다.

우리의 삶에서 역사적 맥락을 이해하는 것은 왜 중요할까. '역사를 통해 과거를 배우고 오늘을 해석하며 내일을 바라보는 데 훌륭한 길잡이'가 되기 때문이다. 사고의 확장과 발상의 대전환이 요구되는 시대에 인류 미래의 삶을 디자인 할 수 있는 미래경영에 자질을 갖춘 리더의 탄생을 기대해 본다.

2023. 1.

차례

IV. 리더가 갖추어야 할 덕목 ———————— 63

V. 조선의 정치구조와 리더의 자질 ———————— 81

VI. 리더의 영토관과 안보관 ———————— 103

I.

국가의 품격과 리더의 역할

명예로운 죽음

행진 대열의 맨 앞에 섰던 왕이 가마에서 내리자 사제는 왕의 뜻에 따라 비수를 왕의 가슴에 꽂았고, 뒤따르던 귀족과 시민들도 왕의 뒤를 이어 자결하였다. 이렇게 발리(Bali)인은 명예로운 죽음을 선택하였다.

발리는 농업이 주된 산업이지만 오늘날 인도네시아에 대표적인 관광지로써 세계 많은 사람들이 찾는 곳이다. 발리는 1597년 처음으로 네덜란드 상인들이 들어온 이래 식민화 과정을 밟게 되었고 그 과정에서 발리인은 격렬하게 저항하였다. 1906년 바둥(badung) 왕가의 군대는 네덜란드 군과 전투를 치렀지만 번번이 패배하였고 네덜란드 군에 대한 항전이자 무저항의 의미로 왕족, 귀족, 시민들이 자결을 감행했던 것이다. 현재 발리는 인류의 이상향으로 소개되면서 세계적인 관광지가 되었지만 제국주의 시대에 뼈아픈 식민지 역사가 서린 곳이기도 하다.

의무와 역할

아이들이 일상생활에서 느끼고 표현하는 방식은 재미도 있고 놀랍기도 하다. "엄마는 내게 밥을 해주기 위해서, 강아지는 나와 놀아주기 위해서, 냉장고는 시원한 음료를 주기 위해서 있다. 그런데 아빠는 내게 해주는 것이 없다. 아빠는 왜 있는지 모르겠다." 아이들의 눈에 비친 아버지의 모습이지만 이것이 아버지의 실제 모습은 아니란 걸 우리는 이해하기에 웃고 넘긴다. 우리는 매일 가슴 뛰는 삶을 살아가며 내게 최선의 것을 선택하고 판단하면서도 눈에 보이는 것이 다가 아니라는 것쯤은 알고 있다. 그리고 우리 눈에 보이지 않는 나머지 일들은 그 누군가가 역할을 감당해야 한다는 사실도 인식하고 있다.

국가가 해야 할 가장 큰 역할은 무엇일까. 범죄와 무질서 등 위기상황에서 국민의 생명과 재산을 지키는 일이고 그것이 헌법적 가치이다. 헌법 전문에 "우리들과 우리 자손의 안전과 자유와 행복을 영원히 확보할 것을 다짐하면서"라는 내용이 들어있다. 또한 국가는 세계가 혼란과 사회적 분열이 일 때에 자유민주주의 질서를 우선적으로 지켜낼 수 있는 역량이 있어야 한다. 난민 수백만 명을 당장 포용할 정도의 국력과 국민의식 수준이 뒷받침 되어야 한다. 이때 지도자의 리더십은 시험대에 오르게 된다. 국가의 품격과 리더십은 어떻게 드러나고 인정받게 되는 것일까. 상세한 정보를 제공하는 애플리케이션(application) 중에는 난민들을 위해 만들어진 안전한 탈출경로 어플도 존재하는데 경제력과 포용력 있는 국가로만 안내한다고 한다.

세계 공동체 의식

함께 행복한 삶을 지향하는 공동체 의식의 대표적인 사례로 '우분투

우분투 리더십
[출처: Pixabay]

(ubuntu) 리더십'을 언급하는 사례가 많다. 아프리카 부족의 문화와 관습을 연구하던 한 인류학자가 나무에 선물바구니를 걸어놓고 어느 부족 아이들에게 달리기 시합을 시켰다. 그런데 인류학자의 기대와 달리 아이들은 서로 손을 맞잡고 결승선을 통과하였다. 달리기를 제안한 인류학자는 우승하면 선물을 모두 가져갈 수 있었는데 어째서 나란히 달려갔는지 물었다. 이때 아이들은 한 목소리로 '우분투'라고 외쳤다. 우분투는 '네가 있기에 내가 있고, 우리가 있기에 내가 있다.'는 의미였다. 우분투의 가치와 정신은 무엇일까. 우리는 모두가 연결돼 있고 나의 선택과 결정이 세상 전체에 영향을 미친다는 의미를 내포한다. 또한 각자의 잠재력을 깨워주어 모두를 훌륭한 리더로 키워낸다는 상생의 리더십을 나타낸다.

국가에 관한 이론들

러시아가 일으킨 우크라이나와의 전쟁으로 400만 명 이상의 우크라이나 난민들이 유럽으로 밀려들어 오고 있고 유럽은 받아들일 수밖에 없는 처지에 놓였다. 세계 2차 세계대전 이후 최악의 난민 통계로 잡혔고 전쟁의 장기화로 에너지 수급에 차질을 빚고 있는 유럽의 상황도 녹록지만은 않다. 그렇지만 유럽은 교육, 주거, 의료, 취업, 사회복지 등 난민들의 기본권 보장을 위해서도 애써야 한다. 국가마다 난민의 지위와 처우 등에 관한 법률이 존재하지만, 법으로 구현할 수 있는 범위는 제한적이다. 아리스토텔레스(Aristoteles, BC 384~BC 322)라면 이 난제를 어떻게 풀어내려고 했을까. 일찍이 아리스토텔레스는 국가의 존립 목적을 선(善)을 행하는 것으로 규정하면서 최고의 선은 인간 개개인의 정신과 신체의 조화로운 기능에 있다고 보고 휴머니티(humanity)로 가득 찬 인간세상을 국가성립 조건으로 제시하였다.

깊은 철학적 성찰을 통해 국가의 본질과 역할에 관해 이론적 핵심을 제공한 학자들은 수없이 많다. 토머스 홉스(T. Hobbes, 1588~1679)는 국가주의 국가론을 주장하였고, 존 로크(J. Locke, 1632~1704)와 애덤 스미스(A. Smith, 1723~1790)는 자유주의 국가론을 부르짖었으며, 카를 마르크스(K. H. Marx, 1818~1883)는 마르크스 국가론을, 플라톤(Platon, BC 427~BC 347)은 이상적인 국가론을 제시하였다.

토머스 홉스와 사회계약

선거에 출마했던 어느 정치인은 동북아 국가연합의 가능성을 타진하며 몽골과 국가 연합을 이루고 바이칼 호수의 물을 서울시에 공급하겠으며, 만주 지역을 국고로 환수하고, 독도간척사업을 하면 일본 근해까지 영토 확장도 가능하다는 공약을 내건바 있다. 정치인들이 제시하는 공약과 사회계약에는 어떤 차이가 있을까. 선거공약은 이슈 선점을 위한 사적 계약이고 사회적 논의가 필요한 가상의 약속이다. 진지한 논의와 숙의민주주의 과정이 없으면 계약은 성립될 수 없다. 토머스 홉스는 영원불멸의 신을 상징한다는 의미를 가진 『리바이어던, Leviathan(1651)』에서 '사회계약(social contract)'이 국가의 기원이며, 국가는 세속의 신으로서 합법적인 폭력을 행사하는 주체이므로 국가의 폭력은 정당 될 수 있다는 주장을 하며 국가를 신격화하였다. 하지만 현재와 미래사회에서 국가의 폭력과 탄압이 무자비하게 이뤄진다면 사회계약은 해지되고 국가는 엑소더스(exodus, 탈출) 상황에 직면하게 될 것이다.

인류는 국가가 존재하지 않던 자연 상태로 20만여 년 간이나 작은 단위의 혈연 부족공동체를 이루며 다른 공동체와 치열하게 생존 경쟁을 벌이며 살아왔다. 자연 상태에서 벗어나 공동 권력인 국가를 세우게 된 계기는 인간에게 인지능력, 학습능력, 소통능력이 주어지게 되면서부터였다. 이때부터 홉스가 주장한 사회계약이 자연법의 권리 위에서 군림하는 강력한 공권력으로 부상한 것이다. 또한 국가는 하나의 인격체로써 영원불멸하는 신의 위상을 갖게 되었다. 그리고 국가의 주권자는 국민이 아닌 전제군주와 귀족들이 입법권, 사법권을 쥐게 되었고 국가 이익을 관철한다는 명분으로 전쟁도 감행하였다.

홉스와 시대적 상황

한 교통경찰이 과속운전 차량을
정지시키고 정중하게 말했다. "당신
과 같은 과속을 하는 차량을 여기서
기다리고 있었죠." 운전자는 미소를
지으며 말했다. "당신이 기다릴 것
같아서 빨리 오느라고 과속했어요.
정말 죄송해요." 우리가 일상생활 속
에서 사회질서와 관련지을 수 있는
공권력 중에는 행정시스템도 중요하
지만, 경찰과 군인임을 부인할 수 없
으며 그들의 주 임무는 국민의 안전
과 생명을 지키는 일이다. 전쟁이 일

토머스 홉스
[출처: 동아일보 DB]

어나면 공권력의 핵심은 군인이 되고 비인간적 상황에 직면하는 실존
적 한계상황에 놓이게 되더라도 군인은 싸워야 한다. 홉스의 탄생배경
을 보면 그는 스페인 무적함대의 침공소식을 들은 엄마의 초조함으로
칠삭둥이로 세상에 태어났고, 장성해서도 절대군주를 옹호했던 왕당
파 쪽에 가세하였고 의회파가 주도한 청교도혁명(1640) 때문에 생명의
위협을 느껴 프랑스로 망명하였다가 한참 만에 귀국하였다.

국가에 대한 홉스의 이론은 그가 살았던 시대의 정치사회적 환경을
고려해서 평가해야 한다. 홉스는 국가의 힘이 약해지고 공동의 권력이
사라지자 민중의 삶이 도탄에 빠지는 것을 눈으로 목격하였다. 현재에
도 소말리아, 아프가니스탄, 시리아 등 난민이 발생하는 국가들의 공

통점은 무능한 독재정권이 일차적인 문제를 야기했지만 국가가 무너지자 내전 상태가 오히려 더욱 국민들의 삶을 처참하게 만들고 있음을 입증하고 있다. 그럼에도 무슨 일이든지 일을 성취하기 위한 가장 적절한 도구는 권력임을 부인할 수 없다.

국가주의 국가론의 위험성

과거부터 부와 행운의 상징으로 널리 사용되었던 스와스티카(swastika)는 보통 시계방향이나 반시계 방향으로 꺾여 있으며 '행운을 가져오는', '기쁜 소식'이라는 의미를 갖고 있다. 대부분의 학자들은 만자(卍)가 빛을 발하는 태양, 태양 마차, 신령스러운 빛 등 고대의 태양숭배와 밀접한 관련성을 주장한다. 나치가 아리안족의 우월성을 강조하고자 만자를 당의 상징으로 사용하게 되면서 하켄크로이츠(Hakenkreuz, 갈고리 십자가)라는 이름을 갖게 되었다. 강렬한 붉은색 바탕에 흰 원안에 배치된 대칭적인 이 문양은 깔끔하고 말쑥한 나치 독일의 제복에 달리면서 나치의 선전효과를 배가시켰다. 현재도 이 문양은 혐오의 상징이 되고 있지만 아이러니하게도 독일 제복을 만들었던 휴고 보스(HUGO BOSS)는 남성, 여성, 안경, 향수, 구두 등 고급 패션 기업으로 급성장했다.

권력을 쥔 그룹은 배움과 아이디어에 개방적일까. 권력의 반대말이 폐쇄적이 돼서는 안 된다. 진정 권력으로 성공한 리더가 되고자 한다면 인생을 체계화하고 철저하게 준비해야 한다. 또한 정치나 조직의 작동원리와 시스템을 정확히 파악해야 하고 아집과 독선을 가장 경계해야 하며 공동연민과 공감능력을 길러야 한다. 또한 21세기 리더는 히틀러(A. Hitler, 1889~1945), 무솔리니(B. Mussolini, 1883~1945), 프랑코(F. Franco, 1892~1975), 스탈린(I.V. Stalin, 1879~1953)과 같이 법과 제도에서 일탈하여 세계를 전쟁의 도가니로 빠트렸던 인물들을 반면교사로 삼아 무모한 전쟁을 벌여서는 안 된다.

스와스티카
[출처 : 다음백과]

국가주의 국가론과 군주상

국가주의 국가론을 신봉하는 사람들은 치안과 국방이 최우선 과제로써 사회질서유지와 국가안전보장에 주안점을 두며 질서파괴를 방관하는 것은 국가답지 못한 것으로 인식한다. 어둠의 3요소로 마키아벨리즘(Machiavellism), 나르시시즘(Narcissism), 사이코패스(Psychopath) 성향을 언급하는 학자들도 있지만, 국가이론을 신봉하는 사람들의 바이블은 마키아벨리(N. Machiavelli, 1469~1527)의 『군주론』(1513)이다. 이 저작의 주요 내용은 사회 내부의 무질서와 범죄, 외부 침략과 위협에서 국민의 생명과 안전을 지키기 위해서라면 자유정신을 포함하여 모든 가치를 희생시킬 수 있으며 수단과 방법을 가리지 않아도 된다고 한다. 마키아벨리의 견해는 맹자(孟子, BC 371~BC 289)의 왕도정치(王道政治), 역성혁명, 여민동락(與民同樂) 등 덕성과 인정을 강조하며 민심을 얻고자 했던 정치철학과 확연히 대비된다. 맹자는 물리적인 폭력이 불가피한 경우에도 백성에게 동의를 구해서 군주가 판단해야 한다는 입장이었다.

마키아벨리는 자주국방의 중요성을 강조하였고 사자와 여우처럼 권모술수에도 능해야 함을 피력하면서도 군주의 냉철한 판단과 과감한 결단력만을 강조하는 한계를 드러냈다. 21세기 리더라면 신조, 믿음, 성향, 자유, 희생 등 사회가 요구하는 핵심적 가치에 대해 끊임없이 성찰해야 한다.

제국주의와 인종주의

미 우주비행사들이 척박한 아메리카 원주민 땅에서 달 착륙 연습을 하고 있었는데 원주민 한 명이 다가와서 달에 가거든 달의 정령에게 '어떤 말'을 전해달라고 하며 원주민어로 외우게 했다. 우주비행사들은 처음엔 뜻을 몰랐지만 그 언어를 아는 사람에게 물어봤더니 '이 사람들을 믿지 마세요. 당신들의 땅을 빼앗으러 왔어요.'라는 의미였다고 한다. 유럽, 미국 등 서양인들은 조선 후기에 끊임없이 개항을 요구하였고 외교, 무역, 사업, 선교, 여행 등의 목적으로 체류하였다. 이들의 궁극적인 목적은 정치·경제·문화적인 측면에서 자국 이익의 실현이었고, 제국주의자들이 약소민족들에게 흔히 접근하는 방식이었다.

인류를 유전학적으로 개량할 목적으로 1883년 영국 태생의 골턴(F. Galton, 1822~1911)은 우생학 연구에 몰두하였다. 골턴에 의해 촉발된 우생학 연구는 서양인들처럼 앵글로색슨족과 코카서스인은 우수한 인종이고, 아시아, 아프리카, 인도인은 미개하고 열등한 인종이라는 인종주의의 확산을 불러왔다. 메이지유신을 단행하며 탈아입구(脫亞入歐, 아시아를 벗어나 유럽으로 들어간다.)를 외쳐댔던 일본인도 백인과 유사하다고 주장하며 자신들은 우등하고 한국인들이 열등하다는 우생학자들의 논리를 갖다 붙였다. 일본인들과 식민사학자들이 주장하는 조선의 위정자는 무능했으나 재야지식인들은 그래도 근대사회를 예비하고 있었다는 제국주의 실학담론도 조선의 부패상을 극대화시키면서 생겨난 현상이다. 조선시대 붕당과 탕평의 시기를 조화가 아닌 대립적으로 바라보는 관점도 마찬가지다. 우리의 이미지는 대부분 유럽중심주의나 식민사관에 기반을 둔 제국주의적 시각에서 만들어졌다. 진정한 리더라면 수십 년 동안 이어진 착취와 배제에 따른 결과물들을 식민지 근대화론으로 왜곡시키려는 식민사학자들의 식민 사관부터 바로잡아야 한다.

세계가 한 학급이라면

세계 나라들로 한 학급을 구성한다면, '미국이'는 당연히 학급 반장으로서 공부도 잘하고 싸움도 잘한다. '일본이'는 공부는 잘하는지 몰라도 하는 짓이 얄밉고, '이태리'의 아버지는 피자 체인점 사장이고 유서 깊은 집안 자식이다. '중국이'는 반장하고 라이벌 관계로써 덩치가 크다. '북한이'는 키는 조그마한 게 깡과 자존심은 엄청나게 강해서 반장에게도 자주 개기고, '남한이'는 반장하고는 친한 편이지만 이웃에 사는 동생 때문에 눈치를 많이 보고 있다. '독일이'는 저학년 때 '영국이', '프랑이'와 함께 반에서 짱 먹던 녀석이었으나 반장이 전학 온 후로 맞장 뜨다 진 기억이 있다. '아랍에미리트'의 집안은 재력가이다. 생활보호대상학우도 여럿이 있다. 나라마다의 특징을 잘 묘사한 인터넷에 떠도는 글이다.

생텍쥐페리의 『어린왕자』에서 여우는 왕자에게 자신을 길들여 달라고 한다. '길들인다.'는 '관계를 맺는다.'는 의미로 읽힌다. 관계 맺기에서 가장 중요한 것은 인내력이다. 21세기 세계 패권 경쟁에서 승리하기 위해서는 기술력도 중요하지만 국가 간에 관계와 소통을 통해 외교적 균형감을 잡아야 한다. 중세 유럽의 상류층들은 동남아시아산 향신료에 매료되었고 그것으로 인해 대양 항해의 시대를 재촉했고 식민지화를 부추긴 면도 있다. 바다를 이용하여 화물을 운송하려면 배는 기민해야 했고 전투력도 갖춰야 했다. 서구 제국주의자들은 해상을 장악하면서 동서 교류의 무대에서 주역으로 등장하였다.

서구 제국주의자들로부터 부침을 겪었던 동남아시아 국가들은 '합의와 상의'를 기반으로 한 동남아시아 국가연합(ASEAN: 태국, 말레이시아, 인도네시아, 싱가포르, 필리핀, 브루나이, 베트남, 캄보디아, 미얀마, 라오스)으로 결집하면서 국가 자율성과 정치적 생존을 우선시하는 외교정책으로 대응하고 있다. 미래에 대륙 간 주도권싸움은 더욱 치열해질 것이다. 리더는 친구를 가까이 두되 라이벌은 더 가까이 둬야 라이벌을 길들일 수 있다.

II.

조선개국과 왕조 500년

내정간섭과 도서관

고려(918~1392) 말엽 원나라(1271~1368) 왕들의 딸들을 아내로 맞아들이게 되자 고려왕의 왕비들 간에 질투로 부자지간에도 왕권경쟁은 치열했다. 원나라는 황제 밑에 왕을 43명이나 두었는데, 서열로 보면 고려왕은 후순위였지만 충렬왕(재위 1274~1308, 왕비: 제국대장공주)과 충선왕(재위 1298.1~1298.8, 1308.7~1313, 왕비: 계국대장공주)의 왕비가 원나라 황제의 딸이어서 두 왕은 부마로서 좋은 대우를 받았다. 고려의 왕위는 원나라가 인사권을 쥐고 있어서 토지나 조세 등 개혁정책은 실패를 거듭했고 충렬왕, 충선왕, 충렬왕, 충선왕으로 왕위가 교체되는 혼란한 과정을 겪기도 했다. 결국 개혁성향이 가장 강했던 충선왕은 친원파인 권문세족들에 눌려 원나라로 불려가서 끝내 돌아오지 못했지만, 연경에 독서당인 만권당(萬卷堂)을 짓고 독서와 학문연구에 전념하였으며 고려의 신흥사대부들에게 성리학을 전파하였다.

서양에는 이미 BC 3세기경에 국제도서관이 있었다. 이집트의 왕 프톨레마이오스(Ptolemaios, BC 367~BC 283)는 '알렉산드리아 도서관을'을 건립하였다. 391년까지 존속하다 내전으로 파괴되었지만 인류 역사상 가장 유명한 도서관으로 알려져 있다. 인류의 모든 지식을 보관하려는 욕구에서 지어진 도서관은 고대 인류 지식의 총 본산이었다. 그곳에서 히브리어로 쓰인 구약성경을 그리스어로 번역한 『70인역 성경』

도서관
[출처: Pixabay]

이 최초로 만들어졌는데 성경을 번역하기 위해 열두지파가 여섯 명씩
율법서를 들고 와서 성과를 이뤄냈다.

고려 말에 성리학을 근간으로 삼았던 조선개국의 신진사대부들은
권문세족과 구별되어야 한다. 학자마다 충선왕에 대한 평가는 갈리지
만 신진사대부가 기반을 잡을 수 있는 터전을 마련해놓은 것은 그의
업적이라 할만하다. 충선왕은 재임시절 실력은 있으되 배경이 약한 지
방가문의 선비들을 기용하였다. 이색(1328~1396)과 그의 제자들인 정
도전(1342~1398), 정몽주(1337~1392) 등이 정치력을 발휘할 수 있었던
것도 충선왕이 만들어놓은 기반 때문이었다. 역사적 위인으로 평가받
는 사람들은 정상에서 배회한 사람들이 아니었다. 리더는 훗날 역사의
평가를 항상 염두에 두고 행동해야 한다.

혁명사상과 통치철학

흑산도로 유배를 갔던 정약전(1758~1816)의 『자산어보』(1814) 서문을 바탕으로 이준익 감독은 영화 〈자산어보〉를 제작하였다. 흑산도의 섬 총각 창대에게 묻는다. "나는 성리학으로 천주학을 받아들였는데 이 나라는 나 하나도 못 받아들였다. 이 나라 주인이 성리학이냐 백성이냐!" 조선 후기와 조선이 개국하던 시기에 성리학은 큰 틀에서는 차이가 없어 보인다. 조선 초기의 성리학이 실용과 백성의 생활보다는 관념적인 덕치와 예치를 중시했다면 후기에도 성리학의 분파화가 일어나서 기호학파 내에서 인물성동이론(人物性同異論, 인성과 물성은 같은가 다른가.)이 중요한 쟁점으로 대두될 정도로 관념적이었다. 다만 17~8세기 성리학은 새롭게 등장하는 실학과 천주학 등 다양한 학풍의 도전을 받게 되었고 19세기 중엽부터 서양 세력으로부터 개항의 압박을 받게 되는 정치·외교적 상황 속에서 보다 배타적인 입장을 취하게 되었다.

중국은 황하문명권에서 농경민족이었던 한족의 통일왕조를 지키려고 몸부림치고 있다. 중국에서 다수를 차지하는 한족은 춘추전국시대를 평정했던 진시황의 진(秦)나라를 멸망시킨 한(漢)나라 구성원들이다. 그 이후 한족이 주도권을 쥐게 된 것은 송나라, 명나라와 현재의 중화인민공화국 정도이다. 성리학은 한족의 지배이데올로기가 강하게 투영된 철학이며 남송의 주희(朱熹, 1130~1200)가 집대성하였다. 중국에서는 남(南)자가 붙으면 비정통 왕조이다. 만주족인 금나라가 중원을 점령하자 양쯔강 이남에 남송이 세워졌고 성리학이 완성되었다. 고려 말 조선 초에 사대부들이 성리학을 받아들인 이유는 경제적으로 권문세족들로부터의 토지침탈 때문이었고, 성리학은 체제를 전복하는 혁명사상이 되었다. 어떤 일을 도모할 때에는 합당한 구실이나 이유로 삼을 대의명분이 중요하다. 그래서 리더들은 자신의 가치와 전략, 철학이나 사상을 드러내면서 백성들로부터 주목받길 원한다.

권문세족들의 농장

그리스로마 신화에서 하데스(Hades)는 지하세계를 주관한다. 지하에 매장된 온갖 보물이 그의 소유이기 때문에 '부의 신'이라고도 한다. 인간의 땅에 대한 집착은 '땅을 잘 파면 돈이 되기 때문이다.' 귀한 것은 모두 땅에서 나왔다. 고려 전기는 지방의 호족이나 개국공신들이 음서제도(蔭敍制度)와 5품 이상 관리에게 토지를 분배하는 공음전시(功蔭田柴)와 같은 제도를 이용하여 문벌귀족들이 토지와 고위관직을 독차지했고, 중기는 무신, 후기는 권문세족이 지배층이었다.

1308년에 충선왕은 즉위하면서 왕실과 결혼할 수 있는 대대로 재상을 배출한 15개의 가문을 발표하였다. 이들은 권문세족으로 불리면서 막강한 권력을 행사한 교활한 무리였다. 또한 권문세족 중에는 원나라와 결탁한 세력들이 대신으로 있으면서 왕권을 견제하였다. 권문세족들이 가진 토지의 크기는 커다란 농장이었으며 작은 필지가 아니라, 산과 강으로 경계를 이룰 정도였다. 이런 상황은 농업이 주를 이루던 고려시대에 자영농의 몰락과 극심한 양극화현상을 가져왔다. 이들은 비옥한 토지를 차지하고도 세금 한 푼 내지 않았다.

조선의 국호

영화 〈해적: 바다로 간 산적〉은 역사적 사실을 기반으로 상상력을 펼친 코믹영화이다. 조선이 건국하기 보름 전, 명나라에서 국호와 국새를 받아 돌아오던 사신단은 바다에서 큰 고래의 습격을 받는다. 귀중한 국새를 고래가 삼켜버리자 해적단을 동원해 이를 회수하려 한다. 보물을 삼킨 고래가 있다는 소문을 들은 산적단도 이 모험에 가세한다. 여월이 이끄는 해적단과 장사정이 이끄는 산적단이 국새를 찾으면서 사사건건 부딪히는 플롯이다. 실제로 조선은 국가 권력의 상징성을 상실한 고려의 국새(國璽)를 명나라(1368~1644)에 반납했지만 새 국새를 받지 못해서 태조 이성계(1335~1408)는 한동안 '고려국왕지인(高麗國王之印)'으로 결재하였다.

신진사대부들은 조선을 통일신라 전통과 고려시대 전통의 연속선상에서 이해하고자 하였다. 대몽항쟁 때 고구려, 백제, 신라의 구심점을 찾으려는 노력의 일환으로 고조선을 주목하였고 14세기 신유학자들은 고조선을 주(周)나라에 버금가는 이상사회로 설정하였다. 최초 국가였던 고조선과 관련해서는 시기와 관련하여 서로 다른 입장이 대두되고 있다. 일연(1206~1289)의 『삼국유사』는 과학·고고학적 입증자료는 없지만 단군조선을 한국 최초국가로 기록하고 있고 오늘날 정설로 보는 견해이다. 다른 주장은 중국의 기록에 등장한 기자조선설이다. 은(殷)나라가 주(周)나라에 멸망당하자 은나라 귀족이었던 기자가 학자들과 철을 제련할 줄 아는 기술자들을 데리고 고조선으로 와서 왕이 되었다는 기록이다. 세 번째는 중국 연(燕)나라 사람 위만이 1천여 명의 무리를 이끌고 고조선에 들어와서 왕위를 찬탈했다는 설이다. 고조선의 역

경복궁
[출처: Pixabay]

사를 단군조선(BC 2000) - 기자조선(BC 1100~BC 195) - 위만조선(BC 194~BC 108)의 세 시기로 구분하는 것에도 문제는 남아있다. 남한과 북한은 중국이 고조선까지 자기네 역사로 포함시키려는 중화사상 때문에 기자조선을 인정하지 않고 있다.

고려 말 명나라 주원장(朱元璋, 1328~1398)은 제안 받은 조선과 화령, 두 개 중에서 조선(朝鮮)을 국호로 낙점하였다. 세상에 새로운 것은 별로 없다. 대부분 있었던 것들의 재조합으로 새롭게 등장한다. 조선의 국가 체제는 고려에서 이미 많은 시행착오를 겪어서 조선에 적용된 것들이 대부분이었다.

반도는 식민사관

우리는 과거부터 오늘에 이르기까지 공간을 지배하는 자가 승리하

공주 공산성

는 공간정치의 시대를 살아가고 있다. 반도(半島)라는 개념은 일본의 동양관 때문에 생겨났다. 한반도(220,847㎢)의 크기는 영국(242,495㎢)과 비슷하고 유럽의 나라들과 비교해도 보통의 면적이다. 우리 안에 남아있는 사고의 틀을 재정립해야 하고 자기 객관화의 전환적 사고를 갖춰야 한다. 우리나라는 제국주의자들처럼 20세기 식민지를 건설하지 않고도 선진국 대열에 합류한 보기 드문 국가이다. 조선시대에 큰 전쟁에서 패한 것은 정묘호란(1627)과 병자호란(1636~1637)뿐인데 100년간 원의 지배하에 있었던 고려보다 더 많은 전쟁에 패한 것처럼 인식되고 있다. 우리의 뇌를 각인시킨 식민사관의 영향 때문이다. 특정한 민족이나 인종은 열등하다는 골상학자들의 주장이나 사대주의라는 비난도 일제강점기에 만들어진 인식이다. 땅과 기록들만이 아닌 우리 몸의 DNA에는 전쟁의 상흔이 남아있다. 충분히 대표성을 가질만한 지도자의 진정한 사과가 없다면 전쟁은 끝난 게 아니다. 더군다나 가해자가 피해자 코스프레를 한다면 어찌해야 하는가. 리더라면 단재 신채호 선생의 "역사를 잊은 민족에겐 미래는 없다."는 말씀을 깊이 성찰하고 역사인식과 가치관을 올바르게 정립하는 일을 우선적으로 해야 한다.

세계 속의 조선

영토의 경계선을 대륙을 아우르는 범위로 비전을 품었던 제국주의자들의 역사관과 시각에서 우리는 벗어나야 한다. 역사의 기술은 외세의 침략을 기준으로 자국사를 평가하는 것이 아니라 동시대사로 접근해야 한다. 즉 역사서술은 사건중심의 역사서술에서 연속적인 역사기술로 바뀌어야 한다. 서구는 가산국가(家産國家)로써 정치, 영토, 국민은 모두 군주의 소유물로 간주해서 국가재정과 군주재정 간에 구별을 두지 않는 시스템이었다. 조선은 왕조체제였지만 조선 땅 모든 것이 왕의 소유물이 아니었고, 제도적으로도 견제기능이 있어서 전 지구적 변화의 흐름에서 뒤처지지 않았다. 18세기 서구는 계몽주의 시대로 분류되는 시기에 동양의 유교적 관료국가 모델을 이상향으로 삼으면서 혁명적으로 근대 국민국가 수립을 꿈꾸기도 하였다.

조선왕조 500년을 하나의 성격으로 규정지을 수 없다. 신왕조 개창에 나섰던 14세기 말 급진적인 역성혁명파는 훈구파(勳舊派)였다. 훈구파는 토지개혁으로 백성들의 생활을 안정시키면서 15세기 100년을 버티었다. 새로운 시대와 미래를 빚어내는 데는 도전정신과 모험심도 요구된다. 다시 100년 후인 16세기에 역성혁명에 반대했던 사림파가 개혁의 상징으로 재등장하게 되었고, 사림파는 100년간 갈고닦은 정치적

노하우로 훈구파와 균형을 맞춰 여론을 중시한 공론정치의 시대를 열었다. 17세기는 붕당정치의 시대가 열리며 붕당을 중심으로 정국이 혼란한 상황에 직면하자 그것을 타개하기 위해서 18세기에는 탕평의 시대가 열렸다. 탕평은 약 100년간 시대적 소임을 다하고 몇몇 세도 가문이 왕권을 대신 행사하는 세도정치로 바뀌었다. 조선왕조는 100여 년을 주기로 견제세력에 의해 정치적인 변화를 겪었다. 계몽된 절대왕조나 민주정부도 스스로의 개혁에는 한계가 있었음을 수많은 과거나 현재의 역사적 사건들이 입증해준다. 조선왕조 500년은 변화와 격동의 시대였다.

전통적인 지배 권력

교수가 간디에게 "돈 가방과 지혜가 든 가방 중 어느 가방을 챙기겠는가?"라고 묻자, 간디는 돈 가방이라고 대답했다. 이에 교수는 지혜가 든 가방을 들어야지 그러면 쓰겠냐고 나무라자, 간디는 사람은 원래 자신이 부족한 것을 택하는 법이라며 교수를 무안하게 만들었다. 인간의 욕망은 다양하지만 최고는 돈과 명예와 권력욕이다. 지금도 사림의 노론 권력이 건재하다고 보는 학자들이 있다. 임진왜란 이후에 친명파들이 일으킨 인조반정(仁祖反正)으로 광해군(1575~1641)이 쫓겨난 뒤 현재까지 우리나라 지배 권력은 한 번도 바뀌지 않았다는 견해이다. 노론 세력이 한일합방 때도 총독부로부터 합방 은사금을 제일 많이 받았는데, 노론의 압도적인 찬성으로 한일합방이 이루어졌기 때문이다. 해방 이후에도 외세를 등에 업고 행정부만 일부 교체되었을 뿐 통치 권력이 바뀐 적은 없었다. 팽창된 권력의 자아는 오만해짐으로 적절한 제어가 필요하다. 그것을 조종하고 재분배하는 역할이 정치와 리더가 해야 될 일이다.

조선의 시스템 구축

제4대 조선의 왕 세종(世宗, 1397~1450)은 태종 이방원과 원경왕후 민씨의 아들로서, 22세에 왕위에 올라 32년간 조선을 통치했다. 세종은 정치, 경제, 문화, 군사 등 다방면에서 다양한 업적을 쌓았고 민족문화는 물론 조선왕조의 시스템을 구축하였다. 세종이 등극할 때는 개국 초의 주도 세력으로 행세했던 공신들은 거의 사라졌고 과거시험을 통해 정계에 진출한 유학자들이 포진하고 있어 유교정치의 기틀이 마련돼 있었다.

세종 주변에는 상황파악에 능하고 정무 감각이 뛰어난 인물들이 다수 포진하고 있었다. 대표적인 인물로 황희(1363~1452), 맹사성(1360~1438), 류관(1346~1433) 등이다. 특히 맹사성은 1427년에 우의정에 올라 당시 좌의정이었던 황희의 정치 파트너였다.

우리는 성경이나 서양의 그림형제의『그림동화』나 그리스로마신화 등에 등장하는 캐릭터들에 친숙해졌듯이 우리의 역사적인 인물들과도 친숙해질 필요가 있다.

세종의 시간

　태종이 세종에게 왕위를 넘길 때 바로 넘기지 않은 것은 군사권이었다. 그 권한으로 태종은 세종이 왕일 때 대마도를 정벌하고 왜구를 소탕했다. 하지만 이후 세종은 대마도주와 계약을 맺고 교류하면서 부산, 진해, 울산에 일본인 체류를 허락했다. 왕이 갖는 주요 권한은 인재의 등용, 형벌의 적용, 군사의 출동 등 이었다. 태종의 업적 중에서 가장 큰 것은 세종을 왕으로 세운 일이라고 입을 모은다. 태종은 형제들을 무참하게 제거할 만큼 권력욕이 강했고, 의심도 많았다. 태종이 56세를 일기로 세상을 하직함으로써 세종의 암울했던 시간은 끝났다. 이제 세종의 시간이 도래한 것이다.

　태종이 6조에서 올리는 보고를 직접 챙기며 왕권을 강화했다면, 세종은 6조에서 국무총리실 격인 의정부로 업무보고를 하게하고 자신은

여주 세종의 묘소

의정부로부터 주요 업무보고를 받음으로써 왕권과 신권의 조화를 꾀하였다. 결제 라인의 변경으로 세종이 구축한 시스템에 합류하기 위해서는 민첩하고 적응력이 뛰어난 인물이어야 했다. 리더는 사회변화에 대한 세대감각과 시대변화의 흐름을 읽어 새로운 정책을 발굴하고 방향제시도 해야 한다.

세종의 인재관

세종은 능력 있는 신하를 퇴직시키지 않고 계속 근무시켰다. 조선시대는 60세가 넘으면 고령이었다. 관리도 부모상을 당하면 관직을 내려놓고 삼년상을 치러야 했다. 세종은 상복 입는 기간을 100일간으로 못을 박고 복직하도록 했다. '슬픔을 잊기 위해서는 열심히 일해라.' 황희는 고려 말부터 조선 초까지 8명의 왕을 모셨고, 18년간 영의정에 재직하였으며 87세에 퇴직하였다. 그는 '늙어서 기력도 없고 병도 걸렸다.'며 사직서를 제출했으나, 세종은 사표를 반려했다. 그러던 황희는 세종보다 2년을 더 살았고 90세의 일기로 생을 마감하였다. 황희는 여러 차례 뇌물을 받아서 탄핵되기도 했으나 세종은 그때마다 그의 정무처리 능력을 높이 평가하여 용서하고 곁에 두었다. 실록에 "(황희는) 성품이 지나치게 관대하여 집안을 다스리는 데엔 단점이 있으며, 청렴하지 못하다."는 기록이 있다.

황희는 일인지하 만인지상(一人之下 萬人之上)의 정승자리에 24년간 있었고 영의정이 되던 해에 이미 70세의 노구였다. 문종은 종묘에 공적이 있는 신하의 신주를 모시는 세종의 묘정에 배향하는 교서에 "황희는 의심나는 것을 귀신처럼 풀어줬고, 합당한 대안을 제시하여 나의 결함을 메워줬다."고 적었다.

황희
[출처: 국립중앙박물관]

황희는 이성계의 위화도 회군으로 역성혁명을 통해 새로운 나라를 건설하자는 정도전과 고려왕조를 유지하면서 개혁하자는 근왕세력이었던 정몽주 간의 탄핵과 유배를 지켜보았다. 그러자 황희는 공양왕이 폐위되고 이성계가 스스로 왕위에 올라 조선왕조가 개창되는 시기에 관직을 내려놓고 황해도 개풍군 두문동으로 들어갔다. 이성계는 두문동에 은거한 학자들 중에서 인재를 물색했고 황희가 추천되어 조정에 복귀하였다.

태종대에 황희는 아버지의 신분을 따르는 종부법(從父法)을 강력하게 주장하여 관철시켰고 덕분에 천민으로 전락했던 수많은 사람들이 양인이 되었다. 황희는 어떤 문제든지 계책이 남달랐고, 상황과 사건에 따라 합리적 대안을 제시하였다. 육조직계제에서 삼정승 중심의 의정부서사제로 바뀐 상황에서 황희의 정치적 비중은 막중했다. 평소에 황희는 김종서(1390~1453)를 박절하게 대했지만 영의정 자리를 내려놓고 물러날 때 김종서를 적극 추천하였다. 단종(1441~1457)이 폐위된 계유정난 때 김종서는 수양대군에 의해 왕조를 위협하는 인물로서 최후를 맞이했다. 정치에 목숨을 거는 일은 과거 리더들에게도 흔치 않은 일이었다.

원칙과 선명한 리더십

세종은 류관이 죽자 비가 내리는 데도 류관을 애도하는 의식을 감행했다. 류관은 언제나 원칙을 지켰으며 사적인 일로 찾아오는 사람이 없었고 창고에 남아도는 재물도 없었다. 세종은 황희, 맹사성, 류관에게서 정무처리의 해박함과 삶을 즐기는 유연함 그리고 진정한 선비의 길이 무엇인지를 배웠다. 아주 깐깐한 인물이었던 류관은 기복(起復, 신하가 상을 당했을 때, 국가를 위해 상복을 벗고 등청하게 하는 제도)조치를 원래의 취지대로 단호하게 시행했다. 하지만 국가의 중대사와 관계되지 않은 관리들은 반드시 3년 상을 치르게 했다. 유학을 삶의 가치관으로 여기던 조선의 선비들에겐 너무나 당연한 일이었다. 공자는 젖먹이를 키우는 데 3년이 걸렸으니 부모에게도 3년으로 보답해야 한다고 주장하였다. 3년 상은 효를 실천적으로 보여주는 잣대 구실을 하는 풍습이었다. 또한 조선시대에 고문은 합법이었지만 류관은 극형을 남발하는 폐단을 바로잡았다. 류관이 정승에 올랐고 제삿날에 제자들이 오면 모두 음복을 시켰는데, 안주라고 내놓는 것이 소금에 절인 콩 한소반이 전부였고 탁주 한 사발 이상은 금하였다. 리더는 참을성과 따스함, 논리적 엄격성과 자기주장을 선명하게 제시할 수 있어야 한다.

야망과 역경

리더는 역경에서도 야망을 유지하는 능력, 회복탄력성이 중요한 요소이다. 전쟁이 없다면 위대한 장군을 얻을 수 없고, 중대한 사건이 없다면 위대한 정치가는 얻지 못한다. 태평성대가 계속되는 시대에는 큰 인물이 자라지 않는다. 불굴의 정신은 깊은 곤경에 처했을 때와 역경과 씨름할 때 만들어진다. 리더는 정치·도덕적 발전과정에서 힘겨웠지만 이겨냈던 사건을 자기 발전의 계기로 삼는다. 리더에겐 항상 준비성과 전략적 사고가 필요하지만, 상대가 격해진 상황에서 때로는 감정을 억제하는 자제력도 필요하다.

III.

졸직(拙直)한 관리 고불 맹사성

유학자 맹자의 후손

맹사성(孟思誠, 1360~1438)의 본관은 신창(新昌)이고 시조는 맹승훈(孟承訓)이다. 중국의 맹자(孟子, BC 371~289)의 40대손 맹승훈은 당나라 말기(889) 권력투쟁 과정에서 뱃길을 따라 통일신라로 이주하였다. 맹승훈은 당대에 한림원 오경박사로서 오경(五經)에 능통했고, 공자의 사상을 받들며 유교적 가치를 중시하였다. 오경은 고대 시가들을 모아 놓은 시경(詩經), 고대 정치에 관한 기록인 서경(書經), 예에 관한 기록과 해설이 있는 예기(禮記), 노나라 시대부터 242년간 기록이 담긴 춘추(春秋), 동양에서 가장 오래된 유교경전인 역경(易經)이다. 맹씨 가문은 고려 말에 신창을 본관을 삼고 명문가의 가통을 확립하게 된다. 고려시대 신창현은 아산만을 끼고 삽교천을 따라 많은 포구들이 있었고 세곡을 개경으로 운반하는 뱃길의 중심지였고 중국과 뱃길로 연결되는 항구였다.

명문가를 가르는 기준은 위 3대인 증조부, 조부, 부의 관직 이력이었다. 과거에 어르신들이 통상 건네던 안부, "자네 아버지 뭐 하시냐?"는 가풍이 있는 집안인지를 은연중에 알고자 하는 의도적인 질문이었다. 맹사성은 선조들의 뒤를 이어 주체적으로 가풍을 이어가기 위해 어려서부터 유교를 숭상하며 충효의 덕목을 갖추고 바르고 정성을 다하는 자세로 삶을 대하였다. 현대가 요구하는 좋은 지도자의 덕목 중에는 규범을 잘 지키는 것은 물론 크고 작은 일에 책임을 지고 국민을 예의와 염치로 대하는 것도 포함된다.

역적을 제압한 충신

맹사성의 증조부 맹의(孟儀, 1294~?)는 문과에 급제하여 정3품 장관의 자리까지 올랐다. 맹의는 1339년 조적(曺頔)의 무리가 충혜왕(1315~1344)에 대한 반란을 도모할 때 반란을 진압하여 그 공으로 신창백(伯)에 봉해졌고 신창이라는 본관을 갖게 되었다. 조적이란 인물은 충렬왕 때부터 충선왕, 충숙왕에 이르기까지 권세가였다. 그는 환관들과 결탁하여 권력을 휘둘렀는데, 공물과 환관을 바치고자 원나라를 자주 왕래하였고, 처

고불 맹사성
[출처: 고불기념관]

가 쪽 사람과 재물을 다투다가 충숙왕의 미움을 사게 되자 원나라로 도망가서 고려왕을 헐뜯기까지 하였다. 고려왕이 바뀌자 다시 고려로 돌아와 반란을 꾀할 때 맹의에 의해 제압당하였다.

역사적으로 공신 중에서 가장 많은 수를 차지하는 것은 역모 및 반란의 진압에 공을 세운 경우이다. 역모나 반란의 경우는 국왕의 왕권을 위협하는 중대한 사건이었기에 왕은 공을 세운 신하에게 관직과 땅을

주고 공신목록에 올렸다. 그렇다면 조선왕조의 개국에 공을 세운 개국공신이나 세조와 인조와 같이 권력을 차지하기 위해 반정을 일으켜 공을 세운 경우의 공적가치는 영원할까. 많은 경우 새 국왕이 즉위한 후에는 이전에 공신목록에서 삭제되는 경우가 비일비재했다. 진정한 공신은 시대가 바뀌어도 그 공적의 가치가 폄하되지 않는 경우이다. 진정 가치 있는 공적은 맹의처럼 역적의 무리를 제압하고, 이순신처럼 전쟁을 승리로 이끌고, 월드컵대회에서 결정적인 골을 넣었을 때와 같은 업적들이다.

순절과 충절의 가문

맹사성의 조부 맹유(孟裕, 1315~?)도 문과에 급제하였고 이부상서 정3품의 장관의 자리까지 올랐다. 맹유는 맹사성을 최영(1316~1388) 장군의 손녀에게 장가를 보내 사돈 관계를 맺었고, 이성계의 역성혁명 이후 최영 장군이 제거되자 맹유는 순절하여 고려왕조에 대한 충절을 지켰다. 순절은 충신으로서 갖추어야 할 유교적 덕목이었고 가치였다.
맹사성의 아버지 맹희도(孟希道, 1337~1423)는 문과에 급제하였고 도서, 문서, 문장 등을 담당했던 학자형 관료였다. 맹희도는 삼은(三隱) 중에 하나였고 과거 시험관이었던 이색(李穡, 1328~1396)을 섬김으로써 정치적 후원을 받았고 정몽주(鄭夢周, 1337~1392)와는 동갑으로 절실한 친구 사이였다. 부친이 순절하자 3년의 시묘살이를 마친 맹희도는 태조 이성계가 제위에 올랐던 1392년에 아산으로 내려와 산에 은거하며 경서와 주역을 읽으면서 충절을 지키고자 하였다. 맹희도는 조선왕조

오봉산(설화산)

개창 직후 태조가 온천욕을 위해 온양에 거동하였을 때 태조를 찾아뵙고 정도전(鄭道傳, 1342~1398)과 시를 주고받으며 여러 차례 출사 권유를 거부하였다. 그로부터 맹희도는 '오봉산(설화산) 아래 집을 짓고, 좌우로 책을 쌓아놓고 거문고와 학을 벗하면서 스스로 즐기며 살았다.'고 한다.

　맹희도는 동갑이었던 정몽주보다 30년이나 더 살다 86세에 생을 마감했다. 맹희도는 낙향하여 나머지 생을 편안하고 즐겁게 살아가기 위해 유학에 빠져들었다. 어찌 보면 자연을 벗하고 학문에 복종하며 후학을 양성하는 삶이 그의 인생의 모든 시기를 괴로움 없이 보내게 했는지도 모르겠다. 『귀거래사』를 지은 도연명은 책을 읽다가 좋은 구절을 만나면 책 속으로 들어가 버렸다고 하듯이 맹희도는 리딩(leading)으로 후학들을 이끌고자 하였다. 하여 훗날 후학들은 그의 충절과 학덕을 기려 정퇴서원(停退書院, 1634)을 세우고 배향하였다.

효의 본을 보인 고불

　고불(古佛)이라는 호는 고려시대 아버지 기일에 불교식 제사를 지내면서 아버지를 높여 부르던 말에서 유래하였다. 즉 아버지를 존경하여 부르는 호칭이었다. 사대부들 사이에서 서로를 높여서 흔히들 고불이라고 불렀다. 고불 맹사성(思誠, 정성스러움을 생각한다.)은 1360년 7월 17일 아버지 맹희도와 어머니 홍양 조씨의 장남으로 개경에서 태어났다. 어머니는 태양을 삼키는 꿈을 꾼 후 맹사성을 낳았고, 15세에 어른이 된 후에는 별호를 자명(自明) 또는 성지(誠之)로 지었다. 자명과 성지는『중용』20장과 21장에서 뜻을 취하였는데, "널리 배우며, 살펴묻고, 삼가 생각하고, 밝게 판단하고 독실하게 실천해야 한다. 현명함은 곧 정성스러움인 것이다."는 의미이다. 조부와 부친은 일명당(日明堂)과 고불(古佛)이라는 호를 통해 맹사성을 유교적 가치를 실천하는 선비로 교육시키고자 하였는데 고불이라는 호가 더욱 널리 알려지게 되었다.

　유교의 철학적 배경을 이루는『중용』에서 '중용(中庸)'은 한쪽으로 치우침이 없는 상태로써 평범한 것을 높이 사는 태도이고 실리에 가장 득이 되는 자세를 의미하며 중국인들의 보편적인 사유방식 중의 하나이다. 최고의 한자로 정성스러울 성(誠)자를 꼽기도 하는데 리더야말로 일을 처리함에 있어 모든 순간마다 정성을 다해야 한다. 맹사성은 10세에 어머니를 여의고 죽만 먹으면서 3년간 시묘살이를 하였다. 아버지는 아들에게 정성과 성실의 가치를 가르쳤고, 효자로 선정되어 효자문을 하사받았고 그의 효행은 『동국신속 삼강행실도』에도 수록되었다. 고불은 효도의 실천이 인간의 기본적 도리임을 어린 나이부터 숙지하였고 유교적 예법을 생활철학으로 받아들였다.

최영 장군과 인연

맹사성은 최영(崔瑩, 1316~1388) 장군의 손녀사위이다. 최영 가문과 인연을 맺게 된 이야기가 전해진다. 최영이 낮잠을 자다 깼는데 배나무에 올라가 배를 따는 아이를 보게 되었고 꾸짖자, 다른 아이들은 모두 도망을 갔지만, 맹사성은 '어른께서 그리 아끼시니 장차 크게 될 제가 어찌 이 작은 배를 먹겠습니까. 죄송합니다.'라고 사죄하였다고 한다. 이에 고불을 크게 될 인물로 본 최영이 조부 맹유와 만나 자신의 손녀와 인연을 맺을 것을 약조하였다. 리더의 자질은 자신이 저지른 사소한 잘못이라도 사죄하고 큰 잘못에 대해서는 마음에 품고 영원히 자신과 씨름해야 한다.

이 당시 최영은 원나라로부터 고려의 옛 영토를 회복하고 홍건적과 왜적의 침입을 격퇴하여 구국의 영웅으로 부각되던 때였고 왕실의 인사권까지 장악한 정계의 막강한 실력자였다. 하지만 대명 사대외교를 주장하는 이성계(1335~1408)에 의해 1388년에 살해되었다. 최영은 '황금 보기를 돌같이 하라'는 말처럼 청백리의 삶을 실천한 인물이었고 탐욕의 마음을 품지 않아서 죽은 뒤에도 한동안 무덤에 풀이 나지 않았다고 한다.

맹씨행단

맹사성은 최영의 손녀사위로 온양 집을 물려받았는데 현재의 맹씨
행단(孟氏杏壇)에 있는 고택은 서재 용도였을 것으로 추정한다. 정승
까지 지냈던 분의 방이라 하기에는 협소하다. 자고로 리더의 방은 화
려함보다는 소박한 장식으로 아늑하게 꾸며져야 한다. 손님을 대접할
차나 커피를 내리는 일은 스스로 하는 것이 보기 좋고 틈틈이 고마운
사람들에게 전화를 걸어 안부를 묻고 살피는 일도 게을리해서는 안
된다.

고매한 고불의 스승

맹사성은 이색(李穡, 1328~1396)이 과거 시험관일 때 장원급제하였
다. 이색은 아버지가 원나라에서 관리로 지낼 때에 원나라에서 과거에

급제한바 있고 공민왕 때 귀국하여 과거시험에 응시하여 문과 3등으로 합격했던 수제였다. 또 고불은 아버지로부터 권근(1352~1409)도 소개받아 스승으로 섬기게 되었다. 권근은 학술연구와 진흥에 열정을 쏟았고 유교 경전의 주석서를 써서 조선 초기 성리학의 학문적 토대를 닦았던 학자형 관리로서 30세에 성균관 유생들을 가르쳤다. 이때 맹사성은 권근의 수제자로 성균관 유생대표로 선발되어 명나라 사신 앞에서 『시경』을 강론하였으며, 이듬해 1386년 과거에서 장원으로 급제하였다. 『시경』은 주나라 말엽에서 춘추시대까지의 시들을 모은 책으로써 외교관들에게는 외교와 정치적 활동에 필요한 필수과목이었다.

고불의 독서는 『시경』에 "시(詩)에서 일어나고 예(禮)에 서며 음악에서 이뤄내는" 것 같이 고불의 관직 진출 및 인격 형성 과정에 크게 영향을 미쳤다. 고불은 가장 순수한 감정에서 우러나온 시들을 통해 정서 순화와 다양한 사물을 인식하는 데 도움을 받았다. 공자도 『논어』에서 '불학시 무이언(不學詩 無以言, 시를 배우지 않으면 말을 할 수 없다.)'이라고 했다. 시를 모르면 상대방을 이해시키거나 감동시킬 수 없음을 의미한다. 중국 지도자들은 회담이나 만찬장에서 유명한 시구를 인용해 책을 많이 읽는 지식인임을 자랑하며 자신의 학식을 과시한다.

미국 웨스트포인트 육군사관학교는 곧 전쟁터에 파견될 생도들에게 호메로스의 전쟁에 관한 시를 읽힌다고 한다. '시를 배우면 어떤 생각이 드는가.'하고 물었더니, 한 병사는 "시는 나의 지도력과 내가 지도자를 보는 시각에 직접적인 영향을 미친다." 또 다른 병사는 "사람의 목숨을 빼앗는 행위는 시를 통해야만 깊은 이해에 도달할 수 있기 때문이다."라고 하였다. 과거에 시는 인재등용에 필수과목이었다. 시에는 깊은 은유(메타포)가 들어있다. 우리가 무엇인가를 안다는 것은 그것을 시적인 틀에 담을 수 있을 때이다.

'한 권의 책을 읽은 사람은 두 권의 책을 읽은 사람에게 명령을 받게 되어 있다.'는 문구를 보고 자극을 받아 링컨(A. Lincoln, 1809~1865)도 독서를 통해 자신의 그릇을 키웠나갔다. 링컨은 마음에 와 닿는 구절을 보면 종이가 없으면 판자에 그 구절을 써두고 외우기를 반복하였다. 그 구절을 쓴 종이들로 스크랩북을 만들어 보관했다. 링컨은 기억력과 암기력이 출중했는데 그는 그것을 후천적으로 개발한 능력이라고 주장했다. 그의 암기력의 효과는 원고 없이 하는 연설로 유권자의 표심을 자극하여 대선에서 승리했다.

유배처분과 복직

맹리, 맹의, 맹유, 맹희도, 맹사성으로 이어지는 5대에 걸쳐 고불 가문은 모두 3품 이상으로 대궐에서 국정의결을 할 때 당상에 있는 교의에 앉을 수 있는 당상관(堂上官)을 지냈다. 맹사성은 장원급제하여 국왕 관련 공문서를 작성하고 역사를 편찬하는 정9품의 예문춘추관의 관직을 얻었다. 맹사성은 관직에 진출한 지 4년 뒤 1388년 최영이 이성계 일파에게 죽임을 당하고 아버지(맹희도)마저 순절하여 할아버지(맹유)의 유해를 모시고 낙향하자 정신적인 지주를 잃게 된다. 이때는 이미 맹사성도 '서울에 거주할 수 없다'는 유배처분을 받았다.

맹사성은 조선이 개국하던 해인 1392년에 종5품의 수원부 판관으로 복귀하여 민간의 송사를 담당하였고, 이어 좌천되어 당진 면천의 고을 수령이 되었다. 맹사성은 면천 백성들에게 존경받는 목민관이었다. 지리서인『신증동국여지승람』에 "은혜와 덕이 백성에게 미친 바가 있어 지금까지 그를 칭송한다."고 기록돼 있다.

맹사성이 조선왕조 수립 후에도 관직에 진출할 수 있었던 것은 조선왕조가 초기 정권수립에 안정적 통치기반을 위해 사대부세력들을 회유할 필요가 있었고, 상대적으로 맹사성은 관료생활이 5년도 채 되지 않아 고려왕조에 대한 미련보다는 현실적 관점에서 시대적 변화에 순응하고자 하였으며, 무엇보다도 스승 권근(1352~1409)이 조선왕조의 개창을 지지하였다는 점에 있다.

핵심요직, 오해와 복직

맹사성은 왕의 부름으로 정5품 헌납(獻納)의 관직에 올랐는데, 왕이 죽은 뒤 그의 공덕을 칭송하는 칭호를 만들고 국왕의 부당한 처사에 대한 간언이나 관리의 탄핵과 관련되는 업무였다. 이어서 예악, 제사, 연회, 조공의례, 과거 등을 관장하는 정4품의 예조의랑으로 임명되었다. 그러나 고불은 개국 일등공신이었던 정희계(鄭熙啓, ~1396)의 시호를 잘못 정한 것을 바로잡지 못했다는 이유로 1396년에 파면되었다. 정희계는 개국공신이었지만 학식이 부족하고 행동이 경솔하여 세인들의 평이 좋지 않았다. 개국 당시에는 세 정씨가 삼한을 멸한다는 도참설이 널리 퍼져 있었으며, 그 세 사람이 정도전, 정충, 정희계를 가리킨다는 소문이 돌았다. 정희계 시호사건은 태조의 건국에 대해 비판적인 시각을 가졌다는 오해를 줄 수 있었고, 정희계는 이성계의 후실인 신덕왕후 강씨의 조카사위였으므로 왕비에 오른 신덕왕후 강씨에 대

겨울의 맹씨행단

해서도 곱지 않은 시선을 가진 것으로 오해받을 소지가 컸기에 중대한 사건이었다. 이후 1400년 이성계가 이방원에게 왕위를 승계하고 다시 복직한 맹사성은 정3품의 품계로 임금의 잘못된 언행과 행실에 관해 간언하는 문화부 낭사의 대표가 되었다.

숙종 때에 서인세력의 지지를 얻고 있던 숙종의 첫째 부인 인현왕후 는 장희빈을 지지하는 남인세력에 의해 20대에 폐위되었다. 그 이후 폐위를 문제 삼고 간언하다 많은 서인들이 죽임을 당했다. 박태보 (1654~1689)라는 서인은 암행어사도 지냈지만 인현왕후 폐위를 반대하 는 상소를 올렸다가 심한 고문을 받고 유배지로 향하던 중 사망하였 다. 리더에게 간언하는 사람이 없다면 그 조직이나 나라는 위태로울 수 있다.

왕들의 시험과 소신

맹사성은 태종에게 다음과 같은 5개조의 개혁안을 제시했다. 임금에게 유학의 경서를 강론하는 경연 활성화, 공정한 인재 등용, 종친의 단속, 신중한 내관 선발, 엄중한 궁궐 단속이었다. 태종은 맹사성이 제안한 5개 요구사항 중에서 경연을 인정하고 인재발탁에 있어 획기적인 제도인 천거제를 도입하였다. 하지만 이후 태종은 1401년 맹사성을 지방관인 공주 목사로 좌천시켰는데, 맹사성이 좌천된 것은 신하들의 권한을 약화시키고 왕권을 강화하려는 태종의 뜻에 반했기 때문이었다.

맹사성이 공주 목사로 재직할 때에 그의 칭송은 자자했다. 고불은 맑고 정확한 행정으로 백성들을 편안하게 하였고, 이에 비리를 저질렀던 아전들은 두려움에 떨었다. 고불은 관아를 짓는 대규모 공사를 하면서도 부역동원과 자재 조달 등에 있어서 백성들에게 민폐를 끼치지 않은 청렴하고 유능한 목민관이었다. 2년 후 중앙에 보직을 얻어 사간원 정3품의 관직에 올랐으나 판결을 잘못한 형조 관리의 탄핵과 관련하여 증거가 부족하다고 고불이 이의를 제기하자 태종은 다시 맹사성을 온수(溫水)로 귀양을 보냈다. 그러나 태종은 지나쳤다고 생각했던지 11일 만에 다시 고불을 복직시켰고, 2년 뒤에는 중앙 권력의 핵심부서인 정3품 승정원으로 인사했다. 이후 맹사성은 태종을 가까이서 보좌하면서 경연에 참가하고 국정논의에도 참여하였다.

사형처분을 받은 고불

맹사성은 1407년 새해맞이 축하사절인 정조사(正朝使)로 세자를 수행하여 명나라에 갔다. 황제는 세자에게 부처의 공덕을 찬미하는 시의 운을 던졌고, 이에 고불의 도움을 받은 세자는 감동적인 시로 화답하였다. 1408년 맹사성은 중국에서 귀국 후 모든 관료를 감찰하며 공직기강을 진작시키고 국정논의에 참여하는 종2품의 사헌부 수장인 대사헌(大司憲)에 올랐다. 하지만 고불은 중책을 맡은 지 한 달 만에 조대림(趙大臨, 1387~1440) 사건으로 태종에게 미움을 사 죽음의 위기를 맞게 되었다.

조대림은 개국공신 조준(趙浚, 1346~1405)의 아들이며 태종의 사위였다. 조대림은 목인해(睦仁海, ~1408)의 모략으로 군사를 움직이려한 혐의가 있었지만 무죄로 밝혀졌다. 태종은 이 사건의 전말을 보고받고는 대사헌의 책임자였던 맹사성을 극형에 처하라고 명하였다. 태종은 "모약왕실(謨弱王室, 왕실을 약하게 만들었고 음모를 꾸미다)이라는 네 글자를 받아내야 할 것이다. 만일 승복하지 않거든 모질게 때려 신문하고, 죽어도 상관없다."고 백관에게 명하였다. 결국 맹사성은 매를 견디지 못하고 죄를 인정했고, 이 일로 아들 맹귀미도 심한 고문을 받게 되었는데 고문의 여독으로 사망하였다.

맹사성의 사형집행 소식이 전해지자 태종 이방원의 최측근인 이숙번(李淑蕃, 1373~1440)이 "언관의 직책이기에 국가를 위해 한 것이지 다른 마음이 있는 것은 아닙니다. 극형에 처하는 것은 불가합니다." 병석에 있던 권근도 달려왔고, 이방원이 왕위에 오르는 데 크게 기여했던 영의정 하륜(河崙, 1347~1416)도 달려와 불가함을 고했다. 태종은 끝까지 그들의 청을 들어주지 않다가 백관들이 시가지에 모여 형을 집행하기 직전에 비로소 극형을 거둬들였고 맹사성은 능지처참 직전에 구사일생으로 살아남았다. 권력의 속성은 '나눌 수 없다'지만 생명을 위협하여 복종하게 하고 권력을 지키기 위해 토사구팽(兎死狗烹)하는 리더는 그 자리에서 오래 버틸 수 없다.

세자의 스승 고불

태종 말년에 맹사성은 정2품 장관직의 지위에 있으면서 국가 중대사에 관여했으며 왕세자로 책봉된 충녕대군(1397~1450)을 가르치는 일을 맡게 되었다. 하지만 조대림 사건으로 심기가 불편했던 태종은 그 이후에도 맹사성을 지방관으로 임명하였고, 직무수행이 맘에 들지 않으면 여러 해 동안 면직시키기도 하였다. 태종은 왕권 강화와 안정화를 중요시했기 때문에 왕권을 위협하는 사람들은 혈육이나 공신이라도 인정사정없이 제거하였다. 태종이 말년에 맹사성을 다시 중용하여 세자를 가르치는 중책을 맡긴 데에는 고불의 실력, 눈빛, 어조, 태도, 표정, 반응 등에서 인물 됨됨이를 알아봤기 때문이었다.

맹사성은 직무에 충실하고 엄정한 태도를 취했으며 공무 이외에 사적으로 관인들을 만나지 않았고, 정치적인 문제나 재산 문제로 탄핵을 당한 적이 한 번도 없었다. 재산을 축적하지 않았으며 녹봉만으로 생계를 유지하는 청백리였고 왕권의 안정화에 필요한 덕목이었던 '졸직'(拙直, 고지식하고 올곧은)한 성품의 인물이었다.

리더는 공식적인 직무를 넘어서서 사생활을 드러내지 말아야 한다.

고불 좌상
[출처: 아산시청]

보좌진들도 철저하게 리더의 사생활을 존중하고 보호해줘야 한다. 공직생활의 압박감에서 벗어나서 쉴 수 있는 자기만의 공간을 확보하는 것도 성공한 리더가 되기 위한 전제조건이다. 프라이버시와 홀로 보내는 시간은 필수요소이다. 상대에게 약점을 노출시키지 않으려고 술을 끊는 사람도 있지만 오히려 적당한 술은 인간관계의 지평을 넓히고 약점을 보완해 줄 수도 있다.

고불을 중용한 세종

세종이 왕위에 오른 직후 맹사성은 정2품의 공조판서(工曹判書)를 맡게 되었고, 세종으로부터 음악에 특별한 능력이 있는 인물로 평가받았

세종의 묘역 주변

다. 이후 예문관 대제학을 거쳐 육조판서 중에서 제일 높은 이조판서
까지 맡았다. 맹사성은 1421년 62세에 왕과 신하들 사이에서 중재하는
역할인 종1품 의정부 찬성사로 승진하였다. 태종이 승하하기 전 태종
의 사돈과 사위와 관련된 일들이 신하들 사이에서 논란이 되자 맹사성
은 비판적 여론을 조정하여 왕실의 권위를 지켜주었고 태종이 승하하
자 장례를 총괄하여 진행하였다. 1422년부터 2년간 관직에 대한 기록
이 없는데, 자신의 병을 치료하고 부친의 상례를 치렀던 기간과 겹치
는 시기이다.

리더의 자질은 전통적 의례를 정확히 숙지해야 한다. 수만 년 전의
인류사를 보아도 원시사회에서 족장은 부족의 전설이나 의식을 가장
잘 아는 자가 리더로 선택되었다.

중책을 맡은 고불

조선 초기에 중앙군은 좌군, 우군, 중앙군 3군 체제로 편성되었는데, 맹사성은 1424년 좌군의 총사령관인 좌군도총제부의 판사를 맡게 되었다. 이듬해에 그가 맡은 중요한 일은 명나라 황제의 생일축하 사절로 다녀오는 일이었다. 그런데 도중에 명나라의 인종 황제가 승하하고 선종 황제가 등극하는 상황이 벌어졌다. 맹사성은 급히 상복으로 갈아입고 황제를 조문하였고, 3일 후에 준비했던 축하의 글과 예물을 빈소에 바쳤다. 또한 새로운 황제로부터 조서를 받게 되자 지체하지 않고, 그것을 베껴 역관을 먼저 조선으로 보내 중국 조정의 변고를 조선에 알림으로 대명외교에 차질이 없도록 대처하였다. 귀국 후 맹사성은 겸직으로 군부대를 직접 통솔하는 최고위직인 '삼군도진무'에도 임명되었고 의금부에 투옥된 자들을 심문을 하는 일도 맡게 되었다.

맹사성은 1427년에 우의정으로 승진하였고, 좌의정에는 황희가 임명되어 2정승 체제가 만들어졌다. 5년 뒤에 맹사성은 좌의정에 올랐고, 그의 정승 재직기간은 8년이었다. 이 시기에 맹사성은 국가의 예법과 음악을 정비하고 외교술을 발휘하여 조선이 대외적 주권국가로써 평화와 안정을 도모하는 데 기여하였다.

리더는 약소국에는 강대국의 안보우산이 필요하고 외교에서는 구사하는 어투와 능력도 중요하지만 맹사성처럼 상대국 역사문화와 예법에 대한 이해도 중요하다. 예법은 상대에 대한 존중이다. 잘하면 넘어가지만 실수하면 직을 잃을 수도 있다.

궤장과 문정의 시호

고불은 임금의 하사품인 궤장(几杖, 지팡이와 의자)을 하사받았다. 궤장은 나이가 70이 넘은 신하에게 임금이 내리는데, 공직에서 은퇴를 만류하는 의미를 담고 있다. 세종은 궤장을 내리면서 맹사성은 겸공온아지미(謙恭溫雅之美, 겸손·공손·온화하고 아름다운 성품)를 갖추었다고 공덕을 치하하였다.

맹사성은 1435년 76세의 나이로 퇴직하였다. 그는 퇴직 이후에도 국정 현안에 대해 여러 차례 의견을 올려 세종을 보좌하였다. 맹사성은 1438년 79세의 나이로 작고하였다. 나라는 맹사성에게 충성과 믿음을 갖고 사람을 대함에 예를 갖추었으며 청백리로서 절조를 지켰기에 후세의 존경을 받을만한 모범이 된다고 보아 문정(文貞)이란 시호를 내렸다. 묘소는 경기도 광주에 있으며 위패는 아산 고택의 세덕사에 봉안돼있다.

궤장

고불의 묘소

IV.
리더가 갖추어야 할 덕목

리더의 자격

국가나 조직을 운영할 리더를 선택하는 가치판단 기준은 무엇일까. 국가나 조직이 추구하는 목표를 가장 잘 실현할 수 있는 사람이다. 이때 리더가 염두에 두어야 할 사항들로는 존속, 안전, 자유, 행복, 공동체, 권리와 의무 등의 구현이다. 토플러(A. Toffler, 1928~2016)는 강자에게 순응하게 하는 힘은 완력, 돈, 지식이며 미래에 전개될 권력투쟁의 핵심문제는 지식이 될 것으로 내다보았다. 매슬로(A. Maslow, 1908~1970)는 생리, 안전, 사랑과 소속, 존경, 자기실현 등을 인간의 기본욕구로 규정하고 5단계의 계층적 모델로 제시하였다. 인간의 행동에는 특정한 목적이 있는데 그것은 우리가 갖고 있는 기본적인 욕구 때문에 동기부여 된다고 본 것이다.

인간의 본성에는 '군집성'이 있다. 벌집 속에 꿀벌처럼 집단의 이익을 위해 노력하는 능력처럼 벌을 닮은 우리의 본성은 이타주의와 함께 영웅주의에 빠져 전쟁을 통해 종족학살로 절멸을 시도한다. 권위적인 신분과 지위는 누구나 독선적 위선자가 될 수 있다. 그래서 플라톤은 국가를 운영할 리더의 자격으로 철학자를, 맹자는 덕이 있는 사람을 이야기했다. 플라톤은 국가를 정의실현을 목적으로 하는 인간 공동체로 보았다. 플라톤이 생각한 정의는 계급사회를 근간으로 하여 지도자는 지배하고, 군인은 싸우고, 노예는 일하는 것이었다. 플라톤이 말한

고불 맹사성 묘소 입구

철학자는 겸허하게 진리를 찾는 구도자가 아니라, 이미 모든 것을 다 섭렵하여 통치할 준비를 마친 철인왕을 의미했다.

용기와 노력

공자는 '시를 배우지 않으면 중국의 리더가 될 수 없다.'고 하였다. 두보(杜甫, 712~770)는 당나라 때 시인, 정치가, 시성으로 책을 만권이나 읽었고, 만 리 여행길에 올랐으며, 5년간 명산대천을 등림하였다. 두보는 호연한 기상으로 붓만 대면 신들린 듯 하였지만 낙양과거시험에 응시하여 낙방하였다. 그 충격으로 다시 여행길에 올랐던 두보는 열등감을 태산으로 불어오는 바람으로 씻고, 산 정상에서 '언제인가 저 절정에 올라 작은 봉우리들을 다 굽어보리라.'며 도덕적 용기를 보였다.

개인 심리학자로 알려진 아들러(A. Adler, 1870~1937)는 열등감에 대해 연구했다. 그는 열등감을 성장을 위한 에너지로 보았으며 열등한 상황을 극복하게 되면 우월한 상황이 만들어져 능력자가 될 수 있다고 주장했다. 신영복(1941~2016)은 『담론』에서 '형편이 안돼서 학원도 못 다니는 아이가 시 암송모임에서 공부한 윤동주의 〈서시〉를 소풍에 가서 장기 자랑하는 시간에 암송하여 그날의 스타가 되었다.'고 썼다. 리더의 표상 링컨은 9세 이후에는 학교 교육을 받지 못해 독학하며 주도적으로 공부하였다. 주변에서 책을 빌렸고, 링컨에게 책은 변함없는 동반자였고, 어려서부터 동네에서 최고의 문필가로도 인정받았다.

리더의 역사관

신영복은 '통일혁명당' 사건으로 남한산성 육군교도소에 수감됐고 사형수와 무기수들이 있는 8호 감방에서 아침점호가 끝나면 이순신의 『난중일기』를 읽었다. 책이 귀하여 외우다시피 읽고 또 읽었다. 신영복은 장교였지만 사병들과 생활하였다. 그곳에서 도형과 방정식의 결합을 논한 『해석 기하학과 계산법』과 네루(J. H. Nehru)가 외동딸에게 옥중에서 쓴 『네루의 옥중서간』을 읽었다. 감옥의 밤은 무덤과 같을진대 과연 독방은 강한 개인이 창조되는 영토였을까. 신영복은 아버지에게 염려의 편지보다는 생활주변 얘기와 읽을 책을 요구했다. 동양철학과 중국철학사, 한국의 근대사상개설서 등을 탐독하였다. 『대학』, 『중용』, 『맹자』, 『춘추』, 『실학』 등을 정독하였다. 5권 이상 책을 소지할 수 없어 여러 권을 한 묶음으로 엮은 책을 받아보았다. 『주역』을 공부하였고, 국어사전의 페이지를 기초삼아 점괘를 얻었고 민중사에 대한 관심도 커져만 갔다. 조선시대 초기를, 군강(君强), 개창(開創), 중기를 신강(臣强), 붕당(朋黨)으로 후기를 민강(民强), 민란(民亂)이라고 역사적인 평가도 내렸다.

배움의 자세

신영복은 『감옥으로부터의 사색』에서 감방을 60대 노인에서 20대 젊은이에 이르는 20여 명의 식구가 한방에서 몸을 비비며 살아가는 곳이며 사회와 역사의식을 배우는 교실로 묘사했다. 신영복의 아버지도 역사연구에 몰두하여 『사명당 실기』를 써서 감옥살이하는 자식에게 읽으라고 보내면서 식민사관 잔재청산을 언급했다. 사명당(1544~1610) 은 임진왜란 때 승병을 조직하여 구국의 길을 걸었고 전란 뒤에는 외교 협상력을 발휘하여 일본에 잡혀갔던 3천여 명의 조선인을 데리고 귀국한 인물이었다.

신영복은 한학자이며 추사 김정희를 잇는 분으로 알려진 정향 조병호 선생에게서 붓글씨를 배웠다. 신영복은 강태공이 『육도병법』에서 언급한 동도장만물정(冬道藏萬物靜, 겨울에 땅속으로 들어가는 게 많다)의 의미를 겨울의 도는 감추는 것이고 고요해진다는 의미로 해석하면서 겨울 땅속을 감옥의 다른 표현으로 이해하였다. 그러면서 혹독한 겨울과 같은 수형생활을 견디며 타인을 존중하고 배려할 때 비로소 마음에 평안을 얻게 된다며 성찰하며 실천하였다.

궁궐에 갇힌 세자

태종의 첫째 아들 양녕(1394~1462)은 충녕에게 강한 콤플렉스를 느끼고 있었다. 권근은 양녕에게 "과거볼 일도 아닌데 무슨 공부냐고 생각할지 모르는데, 보통 사람이라면 한 가지 재주만 있어도 입신할 수 있지만 임금의 자리는 배워야 정치를 할 수 있고 정치를 그르치면 나라가 망하는 것이오."라며 훈계하였다. 이때 양녕의 나이는 한참 밖에서 놀고 싶을 12세였다. 양녕은 공부를 싫어하고 엽색 행각을 벌였다. 태종은 세자 양녕에게 경서의 문장을 외도록 했는데 세자가 외지 못하면 시종들의 볼기를 치게 했고 스승들까지 벌주었다. 양녕은 민가의 음률과 춤과 매사냥을 좋아했다.

양녕은 궁궐에 갇히기를 거부했다. 태종은 자신의 친형인 정종이 사통하던 기생 초궁장을 아들 양녕이 사통한다는 사실을 알았고, 매형 이백강의 첩 칠점생에게도 접근한다는 사실도 알았다. 양녕이 폐세자로 결정된 것은 곽선의 첩 어리를 임신시킨 사건이었다. 하지만 양녕은 태종에게 "앞으로도 음악과 여색에 쏠리는 마음을 참을 생각이 없습니다. 그저 마음 내키는 대로 이렇게 살겠습니다."라고 대꾸했다.

리더의 결심

형을 내쫓고 동생을 세우는 것은 변란의 근원이 될 수 있었지만, 신료들은 어진 사람을 세자로 책봉해야 한다는 의견이었다. 태종은 "효령은 몸도 약하고 융통성이 없다. 충녕은 천성이 총명하고 학문도 좋아해서 아무리 모진 추위나 더위에도 밤새도록 글을 읽는다. 가끔 엉뚱한 데가 있긴 하지만 충녕은 술도 알맞게 마시고 효령은 술을 한 잔도 못 하니, 이것도 안 될 일이다."라며 충녕을 세자로 삼을 결심을 했다. 결국 양녕은 폐위되어 경기도 광주로 귀양 보내졌지만 이후에도 양녕의 대궐 출입이 잦자 황희와 맹사성은 왕실의 체면과 나라의 기강을 위해 양녕을 강하게 처벌하고, 양녕과 접촉한 인사들도 모두 처벌할 것을 주청했다. 하지만 세종은 양녕을 탄핵하는 숱한 상소를 물리치며 형제간에 우애를 지켰다.

리더는 중대한 결정을 할 때 나라나 조직의 안위를 위해 심사숙고해야 하고 문제가 생기면 모든 책임을 떠맡을 각오를 해야 한다. 리더는 공식적인 소식통에 만족하지 말고, 정보를 여과 없이 전해들을 수 있는 통로를 확보해야 한다. 그리고 획득한 정보는 공유를 통해 구성원들과 생각의 격차를 줄여야 목표와 비전을 향해 함께 나아갈 수 있다.

총구에서 나온 권력

태종과 원경왕후 민씨 사이에서 태어난 양녕은 어린 시절에 외가에서 자란 탓에 외삼촌들과 친밀했고 양녕이 세자가 되면서 민무구, 민무질 등 외숙들은 거만해졌고, 태종은 효령과 충령의 안위를 위해 민씨 일가를 제거해야 했다. 장인 민제는 태종의 스승이었고 원경왕후는 조강지처였지만 왕권을 지키기 위해 외척을 경계하는 일은 어쩔 수 없는 일이었다. 민무구 형제는 태종이 왕위에 오를 때 사병을 동원하여 큰 도움을 준 세력이었다.

비극을 부르는 리더는 신뢰할 만한가. 권력을 지키는 일은 무력이 덕치보다 빠를 때가 많았고 성공도 했다. 그리하여 조선시대 사대부들은 왕실과 인척 관계를 맺으려고 엄청난 노력을 하였다. 외척은 왕권에 도전할 정도의 힘을 가지고 있었다. 궁중의 내시 및 궁녀들도 이에 가담하였다.

세종의 능력주의 인재관

황희는 뇌물과 청탁문제로 여러 차례 탄핵을 받고, 살인사건을 은폐하려는 시도를 했지만 20년이 넘도록 정승자리에 머무를 수 있었다. 세종 때 정치, 외교, 국방, 문화, 과학, 교육 등 다방면에서의 성공은 바로 세종의 실용적인 인재관에 있었다. 서얼 출신들은 과학기술영역에서 자신들의 능력을 발휘하였다. 세종은 그들이 능력을 펼칠 수 있도록 출구를 만들어 주었다.

변계량(1369~1430)은 문과시험에서 경전보다 문장을 중시해야 한다고 주장하였다. 경서를 외우는 시험은 시험기간이 한 달이나 걸렸고, 또 수험생과 시험관이 서로 아는 사이일 때는 공정한 평가가 이루어지지 않는다고 생각했다. 변계량은 이런 폐단을 없애기 위해 문장 중심의 과거를 주장하였고, 다른 한편에서는 글짓

변계량

기 중심의 과거가 되면 성리학을 경시하고 한낱 글재간을 익히는 데만 열중하게 될 것이라 반대하였다. 이에 세종은 토론을 통한 여론에 따라 글짓기 위주의 과거를 치르자는 의견에 따랐다.

여론을 존중하고 투표까지 이어지는 발전된 토론방식은 시간은 걸리더라도 합리적이고 민주적인 합의 방식이다. 리더는 경쟁과 토론을 독려하고 창의력을 자극해야 한다. 세종은 과거시험 때 본인 앞에서 경서를 외우게 하고 직접 심사를 할 정도로 학문에 높은 관심을 가졌다.

조선 최고의 학교

세종은 성균관 출석일수가 300일이 차야 과거에 응시할 기회를 주었으나 부모가 80세가 넘거나 70세가 넘어서 오랫동안 앓아누워 있는 경우 부모의 병환을 돌보기 위해 출석일수를 못 채운 응시생들에게 출석날수를 따지지 않고 과거 응시 기회를 주었다. 세종 시기에 전국 인구는 약 600만 명이었고 성균관 유생수는 200여 명이었다. 세종은 "나이가 젊고 총명한 인물들을 뽑아 명나라로 유학을 보내야 한다."고 하였다. 미래의 동량으로 쓸 인재들을 문명이 앞선 명나라에 국비로 유학시켜 미래를 준비하려는 계획이었다.

원나라는 대제국을 효율적으로 지배하기 위해 인재를 영입하였다. 터기, 이란, 아라비아, 중앙아시아와 서역에서 온 외국인들이 원나라의 통치요원이었다. 군인, 예술가, 의사들을 종교, 혈통, 신분에 관계없이 능력 위주로 인재를 선발하였다.

조선 최고의 학교는 성균관이었다. 성균관의 유생들은 학비, 기숙사

성균관 명륜당

비, 식비, 학용품 등 모두 무료였다. 성균관의 운영자금은 성균관 주변의 반촌에 사는 반인(泮人, 성균관에 딸려 소고기 장사나 전통 연희에 종사하던 천민)들이 운영하는 정육점이었다. 조선시대에 소의 도살은 불법이었지만 반인은 소의 도살과 소고기를 판매하며 생계를 유지했다. 소의 도살은 불법이었기에 사법기관에 벌금을 냈고 그 돈이 성균관 운영자금으로도 쓰였다.

왕과 재상의 죽음

세종은 32년간 왕위에 있었지만 그의 마지막 8년은 사실상 세자의 신분이었던 문종(文宗, 1414~1452)이 정무를 처리하였다. 모친 소헌왕후의 죽음으로 긴 국상을 치른 뒤 바로 세종이 죽자 연속되는 국상으로 건강이 악화된 문종은 국상이 끝나자마자 생을 마감했다. 수양대군의 지시로 어의에 의한 독살설도 제기되지만 문종의 이른 죽음은 그의 아들 단종의 비극적인 운명과 맥을 같이한다. 국상은 통상 3년간 진행되었다. 왕과 왕비의 장례는 60단계가 넘는 절차를 따랐다. 병조에서 계엄령을 선포하고 시신은 5일 뒤 90겹의 수의를 입혀 입관하였고 왕릉에 묻히기까지 약 3~5개월이 소요되었다. 이 기간 동안은 시장도 열리지 못했고 음악, 혼인, 도살도 금지했다.

리더의 피로는 개인의 건강에도 적신호지만, 더욱 심각한 문제는 국민들이 리더에게 피로감을 느끼게 된다는 점이다. 리더는 바쁜 와중에도 생각할 시간과 공간을 찾아야 한다. 그래야 문제가 터진 상황에서 온전한 상태로 바른 결정을 내릴 수 있다.

세종은 맹사성이 죽자 애도의 글을 내렸다. "그대는 본성이 깨끗하고 지조가 있고 글을 많이 읽어 식견이 넓었고, 관직에 있으면서 청탁을 물리치고 사사로움을 따르지 않았으며 음악 분야를 담당하여 가락을 조화롭게 하였노라. 나라에 큰 일이 닥치면 반드시 의논하였고, 점칠 때 쓰는 풀과 거북처럼 곁에 두려 하였는데 하늘이 모셔갔으니 어쩌란 말인가. 예관을 보내어 조문하고 한 잔 술을 바치니, 영혼이 어둡지 아니하면 제물의 기운을 드시기 바라겠소."

관인들의 평가

맹사성에 대한 관인들의 일반적인 평가는 『조선왕조실록』에도 기록

되어 있다. 맹사성은 사람됨이 조
용하고 까칠하지 않았다. 직급이
낮은 관료가 알현하더라도 신분과
지위에 차별을 두지 않고 의복을
갖추고 맞아들여 상석에 앉혔으며
손님이 말에 오른 후에 돌아섰다.
개국공신으로 영의정을 지낸 성석
린(1338~1423)의 집이 고불의 집 아
래에 있었는데 고불은 매번 오갈

맹사성 기념관

때마다 반드시 말에서 내려 지나갔다. 고불은 타고난 성품이 어질고
부드러워 조정에서 큰일을 논의할 때나 관리로 일할 때 자기주장만을
고집하지 않았다. 오히려 고불은 오케스트라에서 악기들이 하모니를
이루도록 의견들을 조율하는 조정자의 역할을 자처하였다.

고불이 죽은 후에 문장과 글씨에 능했던 서거정(1420~1488)은 『필원
잡기』에서 고불에 관한 일화를 소개했다. 고불은 쥐띠인데 일찍이 후
배들과 어울리고 싶어서 세살 아래인 토끼띠 모임에 들었다. 어느 날
세종이 고불의 나이를 묻자, 쥐띠라고 답했다. 조정에서 물러나오자
동갑이 아니라고 토끼띠 모임에서 제명되어 주변 사람들을 한바탕 웃
게 만들었다. 후배들을 격의 없이 대한 고불의 성품을 알 수 있는 대목
이다.

고불은 음률에 밝아 항상 피리를 잡고 서너 곡조를 불고 나서 손님을
맞이하였고, 박연(1378~1458)과 함께 악기도 만들고 궁중음악을 정리
하였다. 고불에게 음악은 생활의 일부였으므로 피리를 항상 몸에 지니
고 다녔다. 여름에는 소나무 그늘에 앉아서 겨울에는 방 안 부들 돗자

리에 앉아서 피리를 불었고 좌우에는 서책 말고 다른 사치스러운 물건은 없었다.

고불이 걸었던 참다운 선비의 길과 예술적 감수성으로 예약에서 노니는 경지는 공자가 '도에 뜻을 두고 덕에 근거하며 인을 실천하여 예술 경계에서 노닐었다.'는 삶의 방식과 별만 다르지 않았음을 알 수 있다.

고불에 대한 일화

성종(1469~1494) 때 문신 이륙(1438~1498)이 중국을 다녀와서 쓴 『청파극담』에도 상을 당하여 고향에 내려가던 차에 선비와 대화를 나눴던 고불에 대한 일화가 있다. 맹사성이 상복차림으로 온양으로 가다가 비를 만나 잠시 누각에서 쉬게 되었다. 선비 황의헌이라는 사람이 먼저 누각에 올라 거만하게 뒷짐을 지었다. 그는 현판에 있는 시를 보고 읊조린 후 오만한 태도로 고불을 돌아보며 '영감이 어찌 이 흥취를 알겠소'라며 무시했다. 이에 고불은 '아무것도 모르는 늙은 시골뜨기가 어떻게 알겠습니까?'라고 답하였다. 잠시 후 고불의 하인들이 몰려들고 황의헌은 이 노인이 맹정승인 줄 알게 되자 엎드려 사죄하였다. 이에 고불은 웃으면서 '그대의 사람을 대하는 태도가 도도하게 보였는데 지금에 와서는 어찌 그리 비굴하단 말이오.'라며 겁먹은 황의헌을 가까이 앉히고 위로하여 보냈다.

리더는 상대를 위로해 줄 배포가 있어야 한다. 쉽사리 화를 내서도 안 되고 교만하거나 비굴해서도 안 된다. 덕이란 실제로 베푸는 행위이다. 대화상대를 혼란에 빠뜨리는 속임수와 판타지는 서로에게 도움이 되지 않는다.

관리와 선비의 자세

이정형(1549~1607)의『동각잡기』에는 세종이 양녕을 접견하는 것을 고불이 막지 못했다고 관리들로부터 탄핵당한 일화가 들어있다. 이에 고불은 정승은 하급 관직으로부터 간섭을 받지 말아야 할 권위를 가진 백관의 우두머리인데, 정승의 권위를 손상시키는 탄핵을 받은 처지이니 관직에서 물러나겠다고 세종에게 고했다. 이에 세종은 허락하지 않고 정사를 계속 보도록 하였다.

탄핵은 권력의 독점과 부정부패를 방지할 수 있는 제도였으며 이 제도는 관리나 양반들의 여론을 반영하여 정사나 관리의 처신 등에 대해 잘잘못을 가리고 의견을 제시하는 것으로써 왕권과 신권을 견제하는 중요한 제도였다.

김육(1580~1658)의『해동명신록』과 이긍익(1736~1806)의『연려실기술』에도 고불에 관한 같은 일화가 들어있다. 맹사성이 온양에서 조정으로 돌아오는 도중에 용인에서 비를 만나 여행자들이 묵는 숙소에 들었다. 그러나 앞선 사람이 말과 하인들을 대동하고 높은 마루에 앉아 있었기에 맹사성은 한쪽 모퉁이에 자리를 잡았다. 하급관리 시험에 응시하려고 상경하던 영남 출신의 한 선비가 고불을 높은 마루로 올라오게 하고 장기도 두고 이야기도 하다가 공(公)자와 당(堂)자로 서로 문답을 주고받기로 했다. 재미삼아 문답하는 말끝에 반드시 '공?, 당.' 하는 토를 넣기로 하였다. 고불이 먼저 묻기를 '무엇 하러 서울로 올라가는 공?' 하였고, 선비는 '벼슬을 구하러 올라간당.'이라고 하였다. 이어서 '무슨 벼슬인공?' 하니 '서리직 관리이당.' 또 공이 '내가 마땅히 시켜주겠는공?' 하니 '에이 그러지 못할거당.'이라 하였다. 며칠 후 과거 시험장에서 맹사성은 그 선비와 만나게 되었는데 '어떠한 공?'이라고 묻자 그 선비는 그제야 깨닫고 '죽었지당.'이라 하였다. 그 선비는 관리가 되었고 맹사성의 추천으로 여러 차례 고을 수령을 지내게 되었다.

맹사성은 직책과 연배의 고하를 따지지 않고 유쾌하게 대했으며, 남에게 도움을 받지 않고 과거에 임하는 젊은 선비의 바른 자세를 높이 사서 덕을 베풀었다.

고불의 검소한 삶

맹사성이 개인용무로 출입할 때에는 가마나 말을 이용하지 않고 소타기를 좋아했음으로 보는 이들이 그가 재상인 줄 알지 못하였다. 고불이 온양으로 아버지를 뵈러 갈 때에 각 고을의 관가에 들리지 않고 늘 간소하게 행차하였다. 한 번은 장호원을 지나는데 그 고을 수령이 고불을 배알하려고 기다렸으나, 난데없이 소를 타고 지나가는 사람이 있어 하인을 시켜 꾸짖었다. 곧바로 하인을 통해 고불의 존재를 알게 된 고을 수령은 도망을 치다가 연못에 도장을 떨어뜨렸다. 후대에 사람들은 그곳을 인침연(印沈淵)이라고 불렀다.

허봉(1551~1588)의 『해동야언』에서도 고불의 검소한 생활상을 엿볼 수 있다. 맹사성은 세종 때 정승이 되었지만 사적으로 소유한 토지도 없었고 녹미만 먹고 생활하였다. 하루는 아내가 녹미가 묵어서 먹지 못하게 되었기에 쌀을 빌려와서 밥을 지어 올렸다. 고불은 싫은 내색을 보이며 이미 녹을 받았으면 마땅히 그 녹을 먹어야 하는데, 어찌 남에게 빌려 왔는지를 따졌다. 정승생활 8년 차에 들었지만 맹사성의 집에 세간은 단출하였고 손님 접대음식은 소찬이었다.

병조판서가 상의할 일로 고불의 집을 찾았으나 비가 오는데 집은 매우 좁고 지붕이 새서 의관이 모두 젖었다. 집으로 돌아온 병조판서는 깨우친 바가 있어 짓던 바깥 행랑채를 헐어버렸다. 맹사성은 공과 사의 구분이 엄격했으며, 검소한 생활을 하였고, 정승으로서 권위를 내세우지 않았다.

V.
조선의 정치구조와 리더의 자질

500년의 정치구조

조선왕조 500년의 정치구조를 '중앙집권적 양반 관료제 사회'라고 하나로 규정지을 수는 없다. 14세기 말 신왕조 개창에 나섰던 급진적인 역성혁명파는 토지개혁과 대귀족의 제거를 통해 백성의 생활안정이 시대적인 책무라고 생각했던 훈구파였다. 리더는 백성의 불만을 잠재우기 위해서는 일상생활이 구체적으로 개선되는 것을 보여줘야 한다.

16세기에 역성혁명에 반대했던 사림세력이 개혁의 상징으로 재등장하였고, 왕은 훈구세력을 견제하는 수단으로 사림을 이용했다. 17세기에 사림은 붕당정치론으로 정국을 장악하고 지방에 자리 잡은 학문적 스승이며 붕당의 영수인 산림(山林)을 내세워 신권중심의 정치를 펼치고자 했다. 조선 중기 대표적인 산림학자는 우암 송시열(1607~1689)로서 우암은 성리학의 대가이며 노론의 영수였다. 노년에 우암은 붕당의 희생물이 되어 제주도 유배와 왕이 내린 사약을 마시고 죽으면서 병자호란(1636~1637)의 수치를 반드시 갚으라며 다

우암 송시열
[출처: 국립중앙박물관]

음의 말을 남겼다. "조선이 작고 미약하여 당장 큰일을 이뤄낼 수는 없을지라도 원통하고 절박한 마음을 한시도 잊지 않으면 결국 성취하리라."

붕당간의 격심한 대결구도로 공존이 위협받게 되자 18세기에는 군주주도의 탕평정치가 등장하였다. 그렇지만 탕평의 전제가 된 명철한 성인 군주의 역할이 그에 못 미치자 19세기는 유력가문의 권력가들이 왕권을 대신 행사하는 일까지 벌어지면서 세도정치로 바뀌었다. 대표적인 인물은 홍국영(1748~1781)이었다. 그는 25세에 과거에 급제하여 어린 정조를 가르쳤고 정조가 왕에 등극하는 데 기여하였는데, 정조의 신임으로 기고만장했고 여동생을 후궁으로 들여보내 왕비로 삼으려다 탄핵되어 34세의 나이에 화병으로 죽었다.

독일의 옛 국가였던 프로이센왕국은 프리드리히 2세(1712~1786)가 46년간이나 통치하였다. 그는 유럽의 대표적인 계몽절대군주로서 플루트를 연주할 정도로 음악적 재능과 감성이 풍부했고 인재를 발굴하여 합리적으로 국가를 경영하였으며 군대를 잘 지휘하여 프로이센을 유럽 최대의 군사대국으로 만든 군사 전략가였다. 표면적으로는 평화를 외치면서도 군비를 확충하여 대오스트리아와의 7년 전쟁(1756~1763)에서 승리를 거둬 현재의 독일을 탄생시켰다.

동·서양을 막론하고 계몽절대 군주는 손에 꼽을 정도였지만 재상들에 의해 제기되는 비판성과 윤리성 등 실현 가능한 자기성찰의 강력한 힘을 내재하는 것이 중요했다.

신왕조와 이상국가 모델

삼봉 정도전(1342~1398)은 고려사회
를 재편하고자 강력한 신왕조의 출현을
갈망하였다. 삼봉은 중국 주(周, BC 12)
나라 왕실의 관직과 제도를 기록한 유
교경전인『주례』에서 제시한 국가 모델
을 기반으로 조선시대 통치조직과 이념
을 체계적으로 정리하여 조선 헌법의
초안으로 불리는『조선경국전』과 정치
제도 및 체제에 관한 내용을 담은『경

삼봉 정도전

제문감』을 집필하였다. 삼봉이 원했던 국가시스템은 재상이 제왕의 뜻
을 받들어 국무를 총괄하고 방대한 관료기구가 실무를 뒷받침하는 형
태였다. 정도전은 1차 왕자의 난(1398)을 일으킨 태종과의 대립으로 정
계에서 축출되었지만 그의 중앙집권화 된 국가론은 수용되었다.

미래에 원대한 꿈을 꾸고 있다면 현 상황에 대립할 것인가 아니면
때를 기다려야 하는가. 이상 국가는 누구나 꾸는 꿈을 이룰 수 있는
평등한 기회를 갖게 되고, 개인적인 노력만으로도 성공할 기회가 주어
지는 국가이지만 현실적으론 매우 어렵다. 정도전의 재상론은 정교한
중앙집권 국가의 모습을 염두에 둔 것이었다.

서양은 어떤 상황이었을까. 마키아벨리(1469~1527)는 피렌체의 공화
정이 몰락하는 과정을 두 눈으로 지켜보았다. 피렌체는 지중해무역으
로 상업과 화폐경제가 발달하면서 자유의식이 깨어났으며 축적된 부
를 바탕으로 학문과 예술이 부흥했다. 마키아벨리는 20대에 피렌체 공

화정에서 외교업무를 담당하였는데 메디치가가 권력을 잡으면서 추방당했다. 그는 메디치가에 헌정할 목적으로 고대사 연구와 경험을 바탕으로 『군주론』을 집필하였지만 다시 관리로 등용되진 못했다. 마키아벨리는 『군주론』에서 강한 군주상을 주장하였다. 메디치 가문의 역사는 350여 년이나 이어졌고 르네상스라는 위대한 시대정신을 가능하게했다.

폭정을 일삼았던 연산군(재위 1494~1506)을 반정으로 몰아내고 등극했던 중종(재위 1506~1544) 곁에는 사림파의 영수였던 조광조(1482~1519)가 있었다. 조광조는 '임금과 백성은 본래 일체로써 임금은 백성을 보호해야 한다.'고 주장한 아주 개혁적인 인물이었다. 그의 실천 지향적인 현실개혁은 조선 성리학의 대중화에 크게 영향을 주었다.

신왕조 개창으로 향촌사회에 정착한 사림세력은 농법을 연구하고 개간사업과 경제개발을 주도하였다. 향인들이 서로 도우며 살아가자는 향약 보급 운동 등 유교적 교화운동을 벌였고 서원이나 조상에게 제향하는 사당을 통해 세력을 키워나갔다. 15세기 후반 성종(재위 1469~1494)은 훈구세력을 견제하기 위해 삼사(홍문관, 사간원, 사헌부)를 3권분립으로 체계화하여 훈구세력에 대한 견제장치를 마련하였다. 성종은 훈구와 사림의 존경을 받았던 현명한 왕으로서 신료들은 조정에서 공개적인 논의를 벌일 수 있었고 탄핵도 활성화되었다.

17세기에 사림이 집권에 성공하자 성인군주론이 정치이념으로 등장하였고 붕당정치가 궤도에 올랐다. 17세기 서구는 사상과 논리로 무장한 학자이자 정치인이었던 토머스 홉스가 『리바이어던』을 통해 국왕에 대한 가톨릭의 도전을 강력히 비판하며 절대왕정의 정당성을 주장하였다. 영국에서는 군사 쿠데타인 청교도혁명(1642~1660)과 명예혁명

(1688)으로 의회정치가 시작되었다.

미래사회에 국가체제는 어떤 형태가 이상적일까. 중앙 집중적인 국가주도의 계획경제 시스템을 가진 중국은 민주주의 국가보다 인공지능 등 디지털 혁명과 관련된 연구에서 훨씬 더 많은 성과를 낼 수 있는 체제이다. 우주개발, 로봇산업, R&D 사업, 대체에너지, 질병관리 연구, 기후위기 대응 등 핵심사업을 국가주도로 이루어낼 수 있기 때문이다. 리더는 국가 미래와 직결되는 주요사업들에 대해서는 민간에 위임하기보다는 국가 정책 사업으로 채택하여 지원을 아끼지 말아야 한다.

등가적 지위와 견해차이

은나라를 멸한 서주의 무왕이 기자를 조선에 책봉하였지만 거부하고 BC 771년 서주에서 고조선(BC 2300~108)으로 망명했던 기자가 조선 왕조와 직접적인 연고가 있는 인물이라는 주장은 중국 중심의 천하관을 대변하는 논리로써 조선시대에는 오히려 자랑스러워했지만 현재 자주적인 역사관을 지향하는 학계에서는 정설로 인정하지 않고 있다. 하지만 고조선을 다스렸던 단군과 기자를 자유롭고 독자적인 천하관을 가진 인물로 볼 때, 중국과 고조선은 등가적 지위를 갖게 되고 문화는 대등해진다.

역사적으로 정치적 견해가 다르면 어느 한쪽은 제거되었다. 정몽주는 고려의 전통적인 귀족이었고 정도전의 모계는 노비 출신으로 신분의 차이가 있었지만 정몽주와 정도전은 형제처럼 지냈던 동료였다. 이성계를 기용했던 최영은 명문귀족 출신이었고, 이성계 집안은 함경도

쌍성총관부에서 관리를 지냈던 동북면 변경 사람이었다. 그렇지만 이들 넷은 견해차이로 위화도회군(1388)을 기점으로 서로 다른 길을 걷게 되었다.

명분을 얻은 체제개혁

맹자(BC 372~289)는 "군주가 그 지위를 유지하는 것은 천명에 따른 것이며, 천명은 인심(人心)에 의해 좌우된다. 인심은 군주의 덕이 좌우하는데 덕이 없으면 인심을 잃게 된다. 인심을 잃게 되면 새롭게 덕이 있는 사람을 찾게 된다."며 민본주의와 시민의 저항권을 인정했다. 독자적 사상체계를 확립한 맹자의 사상은 조선왕조 개창에 명분을 제공하여 왕조교체를 이뤄내는 데 도움을 주었다.

공민왕 때 2차 홍건적의 난을 이겨낸 뒤 많은 공신 책봉이 이루어졌고, 80여 명으로 구성된 도평의사사는 국가의 중대사를 논의하였으며 군주교체까지 실행하였다. 회군 이후 이성계 세력은 도평의사사를 장악하였고, 결국 도평의사사의 쿠데타로 신왕조는 개창되었다. 후에 태종은 도평의사사를 개편하여 의정부를 설치하고 육조를 재편하여 왕권을 강화하였다. 2품의 재상을 중앙의 육조판서로 기용하였고 지방의 팔도 관찰사도 장악하였다. 도평의사사는 18세기 비변사로써 숙종, 영조, 정조와 같은 탕평군주를 떠 바치는 중앙권력의 상징이 되었다.

고려시대에도 원제국의 지배이념으로서 성리학만을 탐구한 것이 아니라, 고려의 자주적인 입장에서 학문을 연마하여 신진사류들의 그룹이 만들어지게 된 것이다. 신진사류들은 급진적이고 진보적인 성향으로 체제 개혁을 위한 논리로 무장하였다. 고려 말의 개혁 입법들이 신왕조 수립 이후 『경제육전』을 발표할 정도로 고려시대에 이미 상당한 법제를 갖추고 있었다. 고려라는 거인의 어깨 위에 올라선 신진사류들은 파벌을 이룬 실무전문가 그룹인 씽크 탱크(Think Tank)였다.

변혁과 의례

리더십의 성공률은 약 26%라는 연구결과가 있다. 자신감을 능력으로 착각하는 리더, 충성파들만 득세하는 상황 등이 큰 변수로 작용한 것이다. 변방 출신의 이성계는 군사력을 배경으로 신진사류가 개혁을 뒷받침해 국왕으로 등극할 수 있었다. 리더는 용맹성과 단호한 태도를 보여야하지만, 차분하고 분석적인 접근법으로 자신의 정책 의제를 제시해야 한다.

조선왕조가 개창되자 태종, 세종 대를 거치면서 국가의 의례 전반을 규정하는 논의가 이루어졌다. 왕이 죽은 뒤 붙이는 칭호인 묘호(廟號)도 여전히 황제를 칭하는 조종(祖宗)을 사용하였다. 중국의 황제를 가리킬 때 보편적으로 활용된 성(聖), 천(天)자가 실록에도 기록되었다. 대외적으로 황제의 극존칭에 해당하는 표현을 대내적으로 조선의 왕실에서도 사용했다. 신왕조는 고려의 천자국 체제를 일정하게 유지하면서 제후국으로써의 예의도 차렸다. 성리학이 천자만의 전유물이 아니었으므로 제후국에서도 성인군주론으로 왕실의 권위를 높일 수 있었다.

신왕조 개창자들은 서주(BC 11C~BC 771)를 지향하였고 그곳의 모든 제도를 모방하였다. 서주의 제도에 입각하여 삼정승(영의정, 좌의정, 우의정)과 육조(이조, 호조, 예조, 병조, 형조, 공조)의 관제개혁을 추진하였다. 정승은 일인지하 만인지상(一人之下 萬人之上, 한 사람 아래 만 사람 위)의 권력과 역할을 부여받았다. 조선의 개국으로 책임정치의 시대가 열렸다. 또한 조선 건국 세력은 세계 제국을 건설한 당나라(618~907)를 국가 모델로 삼아 당률(唐律)에 관한 광범위한 연구를 하였고, 대외무역의존도를 낮추기 위해 당나라의 자립적이고 안정적인 농업경제모델에 주목하였다. 리더는 관료들이 '교과서가 바뀌는 것을 원치 않는다.'는 구조적인 문제를 파악하고, 조직개편, 선진사례 연구 등 지속적인 개혁과 정책의 혁신을 통해 국가 기틀을 다져나가야 한다.

국가 이념체계 정립

조선의 건국과정에서 밀려났던 사림세력은 중앙정부와 일정한 거리를 유지하면서 지방에 정착하여 자신들의 사회·경제적 기반과 지방자치의 전통을 만들었으며 16세기에 중앙에 진출할 수 있는 기반을 마련하였다. 신왕조 건국에 동참했던 훈구세력이 국가의 제도적 면모를 갖추는 데 역점을 두었다면 사림은 새로운 국가의 이념 체계를 만들었다고 봐도 과언이 아니다.

'사림이 화를 당하다'는 '사화(士禍)'는 사림이 중앙 정계 진출 과정에서 나타난 마찰이었다. 16세기 후반 선조 때 사림은 조정과 재야를 장악하였고 붕당정치 구도를 마련하여 새로운 국가상인 '성인군주론'을 꿈꾸었다. 사림의 최종 구현목표는 하·은·주 삼대의 이상사회였다.

리더는 자신의 관점과 다를 경우 이슈의 해결을 지연시키거나 유보시키는 지혜도 필요하다. 리더의 실패는 개인의 실패가 아니라 국가나 조직의 운명과 직결된다. 우리가 두려워할 거인은 존재하지 않는다. 다만 공동체를 위한 봉사자로서 정책의제를 제시하고 지혜로운 결정을 내릴 리더가 필요할 뿐이다. 그렇다고 원칙만 내세우며 모험을 주저하는 리더도 위험하긴 마찬가지이다. 우리가 자유민주주의 국가나 지역을 선택하고 살아가는 이유가 다른 곳이 위험하기 때문은 아니다.

변란을 부르는 무능

고려를 힘들게 한 것은 중국 한족의 농민 반란군인 홍건적이었다. 고려는 1351년 홍건적의 1차 침입 때 평양을 상실하였고, 2차 때는 개성까지 함락되어 공민왕은 지방으로 피신하였다. 그때부터 공민왕은 지방 세력을 인정하고 지역방어를 국가에 대한 공헌으로 인정하는 정책을 펼쳤다. 공민왕의 측근 세력인 무신, 외척 문신, 궁중의 환관 등이 변란에서 국왕을 지키다가 목숨을 잃고 소멸하였다. 문고리를 쥔 측근 세력들은 리더를 무기력하게 만들 수도 있고, 결국 자신들의 목숨도 위태롭게 함을 역사가 증명한다.

압록강 유역의 원정에서 하급 장교였던 최영은 공을 세워 10년 만에 군부의 수장이 되었고, 쌍성총관부 수복 과정에서 고려에 합류한 이성계는 두 번째 세력이 되었다. 신흥 무장 세력이 고려사회 전면에 등장한 것이었다. 공민왕(1351~1374)도 냉혹한 정치 현실을 알고 최악을 대비하였고 신돈(~1371)을 기용하여 재상 정치를 실험하였다. 무장 세력과 종교에 힘을 실어준 공민왕은 결국 시해되었다. 리더는 정치를 게임하는 방식으로 해서는 안 되고 정치 자체가 목적이 아니라 목표와 비전을 달성하기 위한 수단으로 인식해야 한다.

토지개혁과 삶의 변화

우왕(재위 1374~1388) 14년에 위화도회군이 이루어졌다. 회군 직후 개혁파는 지방장관의 개혁에 나섰다. 기존에 지방관 안렴사(按廉使)를 승격시켜 토지개혁에 찬성하는 2품 이상의 관찰사를 파견하였다. 조선시대 관찰사는 왕을 대리하여 종2품으로 도 내 행정, 사법, 군사 등 3권을 모두 장악했다. 관찰사들은 부여된 민정, 군정, 형정의 3권을 토지조사에 행사하였다. 토지조사가 완료되자 과전법(1품의 경우 최대 150결 보유로 제한. 1결의 면적은 고려까지 15447㎡, 세종 때 9859㎡, 임란후 10809㎡, 대한제국 때 1만㎡=1ha)을 공표(1391)하고 신왕조를 개창(1392) 하였다. 이성계는 개혁을 희망하는 사대부의 열망을 지지하며 토지개혁의 대상이었던 본인도 가문의 토지를 내놓아 지지 세력을 늘려갔고 왕위 추대를 받는데 배경이 되었다.

토지개혁으로 대토지 소유자였던 권문세족은 제거되었고, 산천을 경계로 대규모 사원전을 보유했던 대규모 사찰들도 철저하게 해체되었다. 정도전을 중심으로 북벌이 추진되면서 통일신라, 고려, 조선 등 역대 한반도의 통일정권 중 조선시대에 북방 영토가 확장되면서 특히 세종 대에 그 범위가 최대로 기록되었다.

고려 때는 고을마다 사찰이 많았다. 조선시대에는 그 사찰들이 서원이나 사당으로 바뀌었다. 사찰의 토지를 몰수하여 국가나 왕실로 귀속시켜 성직 귀족의 부를 재편하였다. 사찰의 노비들은 공노비가 되었고 사찰에 상주하던 승려의 상당수를 양인으로 환속시켜 군역을 지게 했다.

토지개혁은 큰 정치적 파장을 불러올 수 있지만 성공하게 되면 경제와 사회의 안정을 가져온다. 제2차 세계대전 후에 미군정 지역인 한국, 대만, 일본에서도 토지개혁이 이루어져 대가를 지불하고 몰수나 분배조치가 추진되었다. 이로써 전통시대 지주계급이 해체되었고, 소농이 자립할 수 있는 기반을 만들어 자본주의 정착에 긍정적인 역할을 하였다.

자존의식과 신분제

고대부터 고려 말까지의 역사를 기록한 서거정의 『동국통감』(1485)과 각 도의 지리, 풍습, 인물 등을 자세하게 기록한 『동국여지승람』(1481)을 노사신이 총괄 편찬하여 민족의 자존의식을 고취시켰다.

조선왕조 개창으로 기존의 많은 천민이 양인이 되었다. 건국의 공을 세운 훈신을 위해서 2품 이상 재상의 서얼 자제에게 출사 기회를 넓혀 주었다. 서얼 허통은 조선 전기부터 다양하게 논의되었는데, 연산군(재위 1494~1506) 대에 2품 이상 관료의 첩 자손은 잡과에 응시할 수 있었다. 영조(재위 1724~1776) 대에 궁궐을 지키는 7품 이하의 수문장을 허통자리로 하였다. 영조는 성균관부터 나이에 따라 자리를 잡도록 하면서 불응하는 이들을 모두 유배조치 하였고 대를 이을 자식이 없을

청요직
[출처: 영화 〈임금님의 사건수첩〉 갈무리]

경우 서자를 후사로 삼도록 하는 규정을 만들었다. 고종의 갑오개혁
(1894~1896)을 계기로 신분 철폐안이 최종 마무리되었다. 왕정은 사회
변동에 능동적으로 대응하면서 서얼의 허통 문제를 점진적으로 해결
해나갔다. 공노비도 완만하게 지위가 상승되면서 양민이 되었다.

　홍건적의 난으로 조정의 공문서가 불에 탔고, 노비문서도 불에 탔는
데, 이전의 사적 기록은 모두 무효화되었다. 따라서 노비문서는 홍건적
의 침입(1361) 이후에 국가에서 재발급하였다. 조선왕조는 처음부터 양
인 확보에 주력하여 신분 회복에 적극적이었다. 노비와 관련한 소송에
서 문서가 명확할 경우에만 사노비로 인정하고 입증이 안 되면 공노비
로 판결하였다. 공노비는 일반 양인과 비슷한 지위를 누리게 되었다.

　조선은 신분제사회였지만 서양의 노예와는 달랐다. 관노비와 사노

비는 전체인구에서 일정하게 차지하는 비율이 있었을 것으로 추정되지만 정확한 기록은 없다. 조선의 노비는 서양의 노예와는 달리 핍박받지 않았고 양인과 결혼하는 경우도 있었다. 세종은 여(女) 노비들에게 100일간의 출산휴가를 주었고, 남편에게도 30일간의 휴가를 주도록 했다. 조선 후기로 가면서 신분의 대변동이 있었다. 중앙의 서얼들이 청요직(淸要職, 출세가 보장된 보직)에 등용되었고 지방에서도 서얼들이 양인으로 편입되었다. 공인과 시전상인 등의 상업세력에게도 농민과 유사한 처우를 해주었다.

성인군주의 자질과 관료

조선의 왕은 중국처럼 전제권력을 사용할 수 없었다. 유가적 이상인 성인 군주상을 실현하기 위해 왕은 신하들로부터 경서와 역사 강의를 들어야 했고, 수시로 참모들과 국정을 상의했으며, 신문고 등을 통해 백성의 간청을 들어야 했다.

유학자들은 과거에 급제하여 요직을 차지하기 위한 경쟁을 벌였다. 과거에 장원급제하면 정6품을 받았고, 그 이하는 성적순으로 7품, 8품, 9품의 관품을 받았다. 조선의 품계는 현재의 공무원 제도와 유사한 측면이 있다. 왕의 곁에서 속기로 사실을 기록하는 사관은 왕이 후궁, 궁녀, 환관을 만나는 경우를 제외하면 항상 입실해 있었다. 사관은 과거 급제 후 첫 출사의 경로였으므로 왕에 대한 충성도가 높았고 출세의 통로가 되었다.

국법체제 확립

조선왕조는 성문법을 확립하였고 법 전통 위에서 조선을 세웠다. 조선의 법전은 명나라 제도정비 과정을 참조하여『경제육전』(1397), 그 이후 1세기간 수차례의 증보 과정을 거쳐 보다 격상된『경국대전』(1466~1485)으로 국법 체계를 확립하였다. 이후 모든 법제를 집대성하고 최상 위 법조문으로 격상시켜『속대전』,『대전통편』,『대전회통』등의 체제를 갖추었다. 법치의 개념도 형벌위주로만 인식하지 않았고 예치도 강조하였다. 하지만 한편에선 일반 백성들은 법의 내용을 알아서는 안 되고, 학정을 일삼는 관리를 고발해서는 안 되는 법을 만들어야 한다는 주장도 있었다.

법치주의 척도는 제도의 완비도 중요하지만 법을 운영하는 사람이 중요하다. 미국은 세계에서 가장 현실과 맞지 않은 헌법을 갖고 있다. 미국독립(1788) 당시 헌법에서 약간의 수정만 가하였다. 영국에는 단일한 성문헌법이 존재하지 않는다. 온전한 민주주의 국가는 법만이 능사가 아니며 사람과 사법제도가 모두 갖추어질 때 성립하게 된다.

법치는 세 가지 개념이 전제되어야 한다. 첫째, 누구나 동일한 법의 적용을 받는 법에 의한 통치이다. 둘째, 최상위에는 헌법이 있어야 한다. 셋째, 국왕은 법의 수호자가 되어야 한다. 형조나 의금부에서 죄인을 취조하고 사헌부와 사간원에서 구형을 하면 의정부 대신이 국왕에게 자문을 구하는 형식을 띠었지만, 사법절차에 필요한 필수 직분을 포함한 약 40명의 조정 신료가 낸 의견을 참조하였다. 역모 사건을 제외하면 국왕 단독으로 판결을 명하는 경우는 거의 없었다.

사법제도 개편

맹사성은 국정운영에서 상하 위계질서와 기강을 확립하기 위해 관청에서 노역하는 하급관리와 아전 등이 상급관원을 고소하거나 향리와 백성들이 지방관을 고소하는 것을 불법이라고 생각하였다. 이에 세종은 백성의 원통함과 억울함은 풀어주되 관리가 잘 못 판결한 일에 대해서는 처벌하지 않는다는 조항을 보완하게 하여 민본주의와 신분제라는 양측의 주장을 모두 충족시키고자 부민고소금지법(部民告訴禁止法)의 문제 조항을 고치라고 하였다. 맹사성은 국가 기강 확립 차원에서 부정적으로 인식하였지만 민본주의적 관점에서 부민고소금지법의 문제점 보완에 세종의 뜻을 받아들였다.

리더와 참모진 간에 위계는 있지만 둘 사이에는 상대가 하는 말을 끊고, 의견을 달리할 수도 있어야 하고, 장벽이 있어서는 안 되고 신뢰가 있어야 된다. 그리고 리더와 참모진과의 관계는 끈끈해야 한다. 맹

[출처: 드라마 〈다모〉 갈무리. 토포사]

사성이 백성들의 고발을 받아 수령들의 비위를 조사하여 처벌하는 것을 문제 삼은 것은 세종이 내린 조치로 조선의 신분질서가 무너질까 염려한 이유도 있었다.

정2품의 한성판윤(서울시장)은 특별 사법권으로 지위가 막강하였지만 종2품의 포도대장의 월권에 속수무책이었다. 지방에서도 토포사가 포도대장의 행동을 답습하였다. 포도청과 토포영은 형법을 초월한 가혹한 고문으로 악명이 높았고 사망하는 경우도 많았다. 19세기 해미읍성에서 천주교도의 사형 집행이 많이 이뤄진 것도 해미가 충청도의 토포영이었기 때문이었다. 흥선대원군(1820~1898) 집정기인 1866년 박해 때 해미에서는 천주교인 1천여 명이 처형되었다. 지방에서는 사건의 경중에 따라 집행권한이 제한되었고 사형은 국왕에게만 귀속되었지만 유배 이하처분은 관찰사가 직접 판결하여 집행할 수 있었다. 지방경찰청의 임무는 고을의 목민관이 맡았고, 지방법원과 지방검찰청의 역할은 토포영이 담당하였다.

붕당은 조화로운 경쟁

조선에서 17세기는 붕당정치의 시기였다. 붕당은 가까운 지역에 살거나 비슷한 학문을 하는 사람들끼리 이룬 집단을 의미했다. 100여 년간 견고했던 붕당정치는 선조 대(재위 1567~1608)에서 시작하여 영조 대(재위 1724~1776)에 이르러 생명력을 잃게 되었다. 붕당정치는 세력 균형을 유지하고자 했던 왕의 의중도 일정부분 반영되었다.

선조는 붕당정치를 공인하였는데 이것은 훈구파와 쟁투과정에서 붕당 결성 자체가 역모로 몰려 화를 당했던 사림의 복권을 의미했다. 붕당의 합법화로 사림은 정치에 참여할 기회를 갖게 되었다.

리더의 자질은 좋은 기회를 포착함은 물론 이용할 줄 알아야 한다. 사림은 임진왜란에 대한 선조의 책임론에 면죄부를 주었다. 사림은 동인(남인과 북인)과 서인(노론과 소론)으로 나뉘었고, 붕당은 정파로만 기능하지 않고 학통의 분화를 이루면서 전통을 만들었다. 붕당은 권력의 속성 자체였으며 집권세력간의 경쟁이었다. 붕당을 조화롭게 이해하기보다는 양자를 대립으로 바라보는 식민사관적 관점도 지양되어야 한다.

붕당 간 주도권 다툼

현종(재위 1659~1674) 대에 일어났던 두 차례의 예송논쟁(1659, 1674)은 붕당 간에 정치 주도권의 문제가 왕실의 존엄성과 연관되어 왕권의 문제로 확대되었다. 예송은 효종(재위 1649~1659)의 승하 시와 효종의 비 인선왕후의 승하 시에 효종의 정통성과 관련하여 상복을 입는 기간을 두고 서인과 남인 간에 벌어진 논쟁이었다. 서인과 남인은 예송 이후에 점차 자신이 속한 붕당을 중심으로 학설을 정리하고 결속력을 다졌다. 예송논쟁에 분노했던 현종은 결국 화병으로 세상을 떠났다.

일제는 강점기에 붕당이라는 용어대신에 당쟁이란 용어를 사용하면서 당쟁사관을 만들어 조선시대상을 왜곡하고 정치적 혐오를 부추겼다. 국가와 조직의 발전을 위해서는 토론을 통한 다양한 의견수렴이 필요하다. 리더는 회의에서 전투적인 모드보다는 문제의 해법을 찾도록 노력해야 한다. 쌍방주장이 강하게 부딪칠 때면 문제에 신중하게 몰두하는 투지를 보여 해법을 찾아야 한다. 리더는 도덕적으로 정당한 분노조차도 때로는 자신의 눈과 귀를 가려 자책골을 넣을 수도 있음을 명심해야 한다.

정책대결과 책임정치

숙종(재위 1674~1720)은 갑인년(1674), 경신년(1680), 기사년(1689), 갑술년(1694)에 걸쳐 네 번이나 당파권력을 교체하였다. 남인과 서인이 번갈아서 정권을 잡았으며 그때마다 국가의 주요 정책이 바뀌는 상황도 벌어졌지만 붕당 간 정책대결로 책임정치의 시대를 열었다.

숙종은 갑술환국 이후부터 탕평 교서를 내리면서 환국을 종식시키고 본격적인 탕평정국으로 방향을 재설정하였다. 노론과 소론의 지지를 받아 즉위한 영조는 탕평을 연구하여 소론, 노론, 남인의 협력을 이끌어 초당적인 탕평정치를 실현시키는데 성공하였다. 대표실학자인 유형원(1622~1673)의 통치제도에 관한 개혁안을 내용으로 한 『반계수록』은 붕당을 초월하여 주목을 받았으며, 사상적으로 합의를 이루어 국왕의 경연교재로도 논의되었다. 재야 실학자의 학문적 연구 성과가 탕평정치기 국정운영에 반영된다는 사실은 놀라운 일이었다. 다만 영조가 장수하여 장기집권하게 되고 정국 장악력이 높아지면서 탕평당은 일당체제처럼 왕에게 순응하는 세력이 되었다. 이후 정조는 탕평당을 축으로 집결한 신하들의 구심점을 와해시키며 다극체제로서 왕에게 집중하도록 만들었다.

역사에 다 기록되지 않듯이 두 세력의 결합은 허니문 기간을 거치고 나면 예상보다 훨씬 더 복잡한 일이 생기기 마련이다. 서로의 가치관과 이해관계, 생활방식이 도전받게 된다. 이럴 때 리더에게는 시시포스(Sisyphos) 같은 인내와 낙관이 필요하다.

과거제와 신분질서

조선의 과거제도는 국정 방향제시, 학문 풍토조성, 인재육성 및 발굴, 신분질서 유지 등에 기여했다. 조선 초기부터 과거제에 대한 개혁 논의가 있었다. 사서삼경(사서: 논어, 맹자, 중용, 대학 – 삼경: 시경, 서경, 주역)에 대한 지식을 시험하는 방식으로 할 것인지, 운문시, 산문시와 같은 문장 능력에 중점에 둘 것인지였다. 1392년 조선왕조 초기부터 세종까지의 과거제도는 사서삼경과 문장능력을 번갈아 가면서 시행하였다. 세종 대에는 과거시험으로 채용하는 관리가 100여 명에 불과했고 맹사성은 정원을 늘려서 학문에 뜻을 둔 선비들을 격려해야 한다는 입장이었다. 고불의 과거제도의 시험방식에 관한 입장은 사서삼경과 문장능력에 능한 관리를 번갈아 뽑아야 한다는 입장이었다. 고불은 과거제 개혁문제에서 양쪽의 의견을 절충하는 현실적 상황을 고려했던 것이다.

1429년 세종 대에 과거시험 문제 출제 방법에 대한 논의가 있었다. 오경(역경, 서경, 시경, 예기, 춘추)에서 한 문제씩 출제하여 하나를 선택하게 할 것인지, 아니면 한두 문제만 출제할 것인지 의견이 갈렸다. 최종적으로 세종은 두 가지 경서를 택하여 출제하라고 명령했고 직접 문제를 출제하기도 했다. 세종이 출제한 문제는 '백성들이 양반 사대부들을 고소할 수 있는 제도로 말미암아 양반과 사대부 중심의 신분적 위계질서가 무너지고 있는 현상이 우려되고 있다. 백성들이 예의와 염치를 알게 하여 양반 중심의 지배 질서를 유지시킬 수 있는 방안은 무엇인가'였다. 한 달 전에 행실이 바르지 않은 사람과 첩의 자식에게 과거 응시자격을 부여할 것인가에 대한 논의가 있었던 터라 시험문제를 통해 세종의 의중을 파악할 수 있게 한다.

'천민에게 시집갔다가 다시 양인에게 시집간 여인의 아들에게 과거 응시를 허용해야하는가'에 대한 논의가 있었다. 세종은 '공신 하륜은 첫째 부인에게서 아들을 얻지 못하였지만 첩에서 얻은 아들이 있는데 그에게 과거 응시자격을 허락해줘야 하는지' 논의하게 하였다. 맹사성은 '첩의 아들이 조상의 제사를 받들어 모시는 일은 한 집의 사사로운 일이고, 과거제도를 마련하여 선비를 선발하는 것은 한 나라의 중대한 일로써 한 나라의 중대한 인재 선발 제도를 더럽힐 수 없는 것이니 응시하지 못하게 하는 것이 마땅하다'는 의견을 제시했고 세종은 받아들였다. 과거제도는 신분질서를 유지하는 강력한 수단이었다.

VI.

리더의 영토관과 안보관

국경 확정과정

21세기 리더는 나라 간에 경계나 장벽을 세우기보다는 허무는 데 노력해야 한다. 만일 국민들이 장벽 건너편 체제에 대한 열망이 강렬해지면 열등한 진영의 체제는 전복되거나 무너질 수 있다. 또한 자국민을 대상으로 한 공포와 총체적 감시에 바탕을 둔 체제는 오래 살아남지 못한다. 공포는 인간의 감정 중에서 제일 이용하기 좋은 감정에 속하지만 공포에 의해 형성된 문화와 사회는 미래를 제대로 이해할 수 없고 오래 존속되기도 어렵다.

조선시대 국경선은 14세기 말에서 15세기 초에 압록강과 두만강 주변에 4군과 6진의 북진정책으로 확정됐다. 세종 대에 여진족 내에 분열을 틈타 잔여세력까지 축출하고 두만강 남쪽의 모든 거점에 6진을 설치하여 백성을 이주시켜 살게 함으로써 조선의 영토로 편입시키는 사업은 마무리되었다. 압록강 상류에 4군은 사람들이 살 수 없는 상황이어서 한동안 폐사군(廢四郡)으로 방치됐다가 18세기 영조 대에서야 비로소 백성들이 살 수 있게 되었다.

현재 중국의 국경선은 청나라 시대의 영토이고, 일본의 국경선은 한국 휴대전화로 로밍 서비스 없이 국내 통화가 이루어지는 대마도까지이다. 영토분쟁은 역사적 기록으로 종지부를 찍기도 한다. 고지도에서 전통적으로 한반도 전체의 윤곽은 제주도와 함께 대마도도 포함됐지만 김정호의 『청구요람』에는 대마도가 신라 실성왕 7년(408)에 왜구의 침략으로 상실됐다고 기록돼 있다.

'프랑스 비시정권'(1940~1944)은 제2차 세계대전 중 프랑스 내 나치 독일 점령지에 세워진 친 독일 괴뢰정권이었다. 나치 독일과 독립적인 외교관계를 구축하였고 나치에 협력했으나 전쟁 후에 승전국의 지위로 프랑스에 귀속되며 소멸되었다. 현재까지 독일과 프랑스는 저변에 경쟁의식과 불편한 감정이 흐르고 있지만 유럽의 EU 공동체는 국경 없는 여행 이상의 의미를 상징한다. 중국은 과거 한국과는 수천 년간 역사와 문화를 공유한 회피할 수 없는 동북아 우방세력이었다. 앞으로도 한국과 중국 간에 전략적 협력적 동반자관계를 유지해 나가야 한다. 다만 리더십의 위기는 민주주의, 인권, 자유, 개방 등의 보편적 가치가 후퇴할 때 발생할 수 있음을 명심해야 한다.

방어체계와 군사교범

조선은 신왕조의 개창과 함께 군제 개편을 단행하였다. 북방은 군사거점 지역에 사민정책으로 인해 주거지로 변하였고 남부는 왜구들의 출몰에 대비하여 평지에 읍성을 만들고 해안지대에 수군을 배치하였다. 고려시대는 육군과 수군의 병권을 한사람이 겸직하였지만 조선시대는 육군의 병권은 병마절도사가 수군의 병권은 수군절도사가 손에 쥐었다. 조선은 군진의 배치를 촘촘하게 짜서 나름대로 방어체계를 갖추었다.

조선은 전쟁에 대비하여 군사교범을 만들었다. 한곳으로 병력을 집결시켜 한 번에 토벌하는 새로운 군사규범이었다. 하지만 1592년 임진 왜란이 발생했을 때 조선의 군사규범은 상대 공격에 속수무책이었다. 일본의 공격방식은 특정한 곳을 향한 집중공격이 아니라 다양한 루트를 활용하여 전면전을 시도하였다. 군사교범에 따라 집결지로 향했던 군사들은 중도에서 제대로 싸워보지도 못하고 패배하였다. 조선군의 활은 조총에 밀렸고 칼의 길이도 일본도에 밀렸다. 일본은 임진년 첫해에 9개월간 약 15만 명의 군인을 파병하였고, 정유재란 때는 14만여 명을 파병하였다.

전쟁이 시작됐을 때 신립(1546~1592)이 집결시킨 군사는 8천여 명에 불과했지만 1년 뒤에 전국에 포진한 병력은 17만여 명이나 되었고 명나라 군도 10만여 명이 참전하였다. 장기전에 들어가자 일본은 조선과 명군의 상대가 되지 않았다. 조선은 수군과 민간 의병, 승병이 초창기부터 적을 막아냈고, 그사이 조정 역시 관군을 재편하여 병력을 증강하였다. 막대한 피해에도 불구하고 임진왜란은 방어에 성공한 조선의 승리였다.

역사적 사례가 보여주듯 전쟁은 의도하지 않은 결과를 낳을 뿐 위기를 해결하는 경우는 드물다. 토머스 만은 "전쟁은 평화의 문제들을 피해 비겁하게 달아나는 도피처일 뿐이다."라고 했지만 위기의 상황에서 전쟁을 피할 수 없다면 리더는 어떤 전투 리더십을 취해야 할까? 우선 국민에게 신뢰를 얻고 용기 있는 모습을 보이며 승리에 대한 확신을 가지고 앞장서야 한다.

방어전과 국경의 의미

일제는 식민사관으로 임진왜란과 병자호란에서 조선의 피해를 지나치게 강조하였다. 임진왜란 당시 일본군이 사용한 신무기 조총에 당했던 조선은 전쟁이 끝나자 조총 부대를 편성하였다. 하지만 병자호란 때 산성 방어전을 위해 구축된 진지를 청군이 우회함으로써 조선의 방어 작전은 무너졌고 조선군이 사용한 조총의 위력도 크지 않았다.

임진왜란을 패전으로 기억하게 하고 조선 후기 300년을 붕괴의 시기로 설명하는 방식은 일제 강점기에 일본인들과 식민사학자들에 의해 자행됐다. 그러면서 도요토미 히데요시(1536~1598)의 영웅사관으로 조선의 무력함을 부각시키려 하였다. 세계사는 위인들의 역사일까 아니면 내 삶도 역사에 영향을 미칠까. 우리 각자는 사회의 구심점으로써 당연히 역사에 큰 영향을 미치고 있다. 역사의 주체의식은 칼을 휘

여수 앞바다

두르며 기지와 임기응변, 뛰어난 정치적 수완을 발휘하는 소위 영웅들만의 전유물이 아니다.

한때 유행어처럼 인터넷에 번졌던 '헬 조선'이란 담론을 우리는 보수와 진보를 가릴 것 없이 사회비판이란 측면에서 사용한 적이 있었다. 일본과의 과거 역사적 맥락을 고려한다면 이 용어는 조심스럽게 사용해야 한다. 서구 근대화를 일본을 통해 배운 학자들이 일제강점기를 문명의 개화시기라고 부르짖는 친일파들이 연상되기 때문이다. 우리나라가 지옥과 비견될 정도로 살기 나쁜 나라는 아니지 않은가.

명분의 논리와 대안

이성계는 4대 불가론을 주장하였다. 요동을 공략하기에는 군대가 준비되지 않았고 시기가 아니라고 보았다. 요동을 공격하여 성공하더라도 지킬 수 없다는 결론에 이르렀다. 최소 25만 명의 명군을 5만여 명의 고려군이 감당하기에는 중과부적(衆寡不敵)이라고 생각했다. 회군(回軍)은 명을 공경하고 숭배해서가 아니라 현실적으로 시기와 군사가 적합하지 않아서였다. 위화도 회군의 명분은 공민왕의 뜻에 반대한다는 논리였다. 북원(외몽골)이 명에 크게 패하고 명의 승전 소식을 접하자 우군도통사 이성계와 좌군도통사 조민수는 회군을 시작하였다. 리더의 행동에는 법적 세부사항까지 논리와 팩트가 있어야 한다.

이성계의 고조 이안사(?~1274)는 전라북도 전주에서 살다가 삼척을 거쳐 두만강 하류인 공주로 이주하여 동북면 여진 땅에 거주했다. 증조부 이행리는 고려 후기 몽골이 고려의 영흥에 설치했던 관청인 쌍성총관부로 옮겨 원나라로부터 5천호를 다스리는 '고려군민 다루하치' 벼슬을 얻었다. 이 벼슬은 후손에게 세습되어 이성계 가문은 영흥과 함흥 일대에서 주도세력이 되었다. 고려 공민왕 때 친명반원정책이 추진되면서 고려는 쌍성총관부를 다시 수복하고자 하였다.

이성계는 아버지 이자춘(1315~1360)과 함께 고려로 귀순하여 쌍성총관부의 수복은 물론 우리나라와 중국 연안에서 약탈을 일삼고 다니던 일본 해적과 홍건적을 격퇴하여 공을 세우면서 승승장구하였다. 홍건적은 원 말에 일어난 한족 농민 반란군으로써 머리에 붉은 두건을 둘렀다고 해서 홍건적이라고 불렸다. 중국에 황위 계승 분쟁과 재정 궁핍, 물가 폭등 등으로 사회가 혼란스러울 때 홍건적은 세력을 확장하여 요동을 점령하였다. 하지만 원의 반격에 쫓기게 되자 홍건적은 고려를 침공하였고 공민왕은 안동으로 피난하여 한 때 개경이 함락되기도 하였다.

영토수호와 회유책

조선왕조가 개창하고 함경남도 지역에는 조선인과 여진사람이 함께 살면서 여진족이 귀화 하였지만 함경북도 지역은 여전히 여진족이 거주하였다. 조선은 이들에게 벼슬, 식량과 토지를 주면서 회유책으로 약탈과 침략으로 인한 혼란을 막고자 하였다. 두만강 주변에 여진족은 태종 때에 자주 침입하여 피해를 주었고, 여진족에게 포로로 잡혀있던 중국인들이 조선으로 도망쳐오기도 하였다.

여진족이 자주 침입하자 많은 신하들이 6진에 속한 경원부를 옮기자고 하였으나, 세종은 영토수호와 확장 정책을 꾸준하게 추진하였다. 1425년 세종은 문신인 맹사성을 '삼군도진무'라는 군사 총책임자로 임명하였다. 이 직책은 주로 임금 호위와 군수품을 관리하는 최고 군령기관으로 고불은 세종의 영토 개척 정책을 적극적으로 보좌하였다.

세종은 영토문제에 대해서는 한 치의 양보도 없었다. 여진족의 침입에 단호하게 대처하며 여진족을 조선의 백성으로 삼고자 유화책을 썼고, 압록강 방면과 두만강 방면에 여진족을 정착시켜 인구를 늘려나갔다. 이 지역에 충청남북도, 전라남북도, 경상남북도의 백성들을 이주시켜 주민의 수를 보충하였고, 그 지방의 사람을 관리로 임명하는 토관제도(土官制度)를 실시하였다. 리더는 다양한 계층을 포용할 수 있어야 하고 그들의 사기를 진작시킬 대안을 마련하여 조직 안정화를 위해 노력해야 한다.

세종의 전략적 인사

맹사성은 세종에게 전략적으로 중요한 평안도의 국경지역 방비를 위해 우의정 최윤덕(1376~1445) 장군을 절제사(節制使)로 보낼 것을 제안하였다. 세종의 북방영토 팽창정책을 적극적으로 대내외에 과시함이 목적이었고 최윤덕도 적극적으로 찬성하고 받아들여 평안도 변방 근무를 맡아 주었다. 리더는 국가나 조직의 안위를 위해 자신의 의지에 반하더라도 전략적 결정을 내릴 줄 알아야 한다. 호랑이의 눈처럼 전략적 결정은 매섭고 신중하게 내리되 일단 실행하기로 마음먹었으면 좌우를 살피지 말고 소처럼 우직하게 추진해야 한다.

최윤덕은 대대로 무인의 집안에서 태어났다. 어려서부터 용맹하고 활을 잘 쏘아 마을에 호랑이가 나타나 말과 소를 덮친다는 소식을 듣고 말을 타고 단 한 개의 화살로 호랑이를 쏘아 죽였다. 무과에 급제한 최윤덕은 동북면에 야인들이 내침하는 상황이 빈번하게 벌어지자 양반자제로서 궁궐 수비를 맡고 있던 직업군인 중에서 공을 세우기를 원하는 군인들만 데리고 동북면으로 달려가 평정하였다. 최윤덕은 산성과 읍성을 구분하고 읍성이 필요한 곳엔 산성을 허물고 읍성을 쌓도록 했다. 세종은 압록강 지류인 파저강(婆猪江) 유역을 토벌하기 위해 1만의 병력을 이끌 장수로 최윤덕을 지정하였다.

　최윤덕은 야인을 토벌한 공로로 우의정에 올랐다. 이때 세종이 맹사성에게 의견을 묻자 맹사성은 "윤덕은 비록 무인이나 공평하고 청렴하며, 정직하고 부지런합니다. 또한 공을 세웠으니 수상을 맡긴다 하더라도 부끄러움이 없는 사람입니다."라며 의견을 표명했다. 1434년에 야인들이 다시 출몰한다는 보고에 세종은 우의정인 최윤덕에게 겸직으로 평안도 국경을 지키는 직분을 내렸다. 최윤덕은 63세의 백발이 성성한 나이에 변방으로 향했고 최윤덕이 변방을 안정시키자 세종은 다시 불러 좌의정에 봉했다.

　1445년 최윤덕의 나이가 70이 되었다는 이유로 사직을 청하자 궤장을 내리고 벼슬을 유지시켰다. 최윤덕은 궤장을 받고 며칠 뒤 70세의 일기로 생을 마감했다. 한평생 나라의 안위와 국방만을 위해 살았으므로 세종은 최윤덕을 나라의 기둥이요 보루라고 평가했다. 리더는 역사적인 롤 모델을 찾는 노력을 해야 한다. 식민지배나 분단의 아픔을 겪은 나라의 인물들로부터 값진 교훈을 얻을 수 있다. 분단된 나라는 냉전의 가장 불안정한 최전선으로서 대화의 창구는 활짝 열어놓되 경계

의 눈초리는 매섭게 하고 불확실성으로 언제든지 분쟁이 일어날 무인
지대라는 사실을 염두에 둬야 한다.

세종의 국방정책 파트너

세종은 왕도정치를 꿈꾸는 문치주의자였지만 국토의 개척과 정벌을
통한 국력신장에 매진하였다. 고려 말의 상황은 북방의 여진족과 함께
남방은 왜구들이 골칫거리였다. 홍건적에 의해 원나라가 쇠퇴하고 명
이 일어나 원을 북쪽으로 몰아내자 고려의 공민왕은 강력한 북진정책
을 실시하였다. 당시 공민왕의 북진정책에 핵심적인 역할을 했던 인물
이 이성계의 아버지 이자춘이었다. 이자춘은 원래 원나라 관리로 있던
고려인이었으나 공민왕과 손을 잡고 쌍성총관부를 함락시켰다. 그의
아들 이성계는 여진족과 여러 차례 전쟁을 치르며 두만강 하류까지 진
출하는 획기적인 전과를 올렸다. 세종의 국방 정책을 수행한 핵심 인
물들은 대마도 정벌군을 이끈 이종무, 야인 토벌을 통한 4군 건설의
기반을 마련한 최윤덕, 유일하게 문관으로서 6진 개척의 주역 김종서
등이었다.

맹사성은 세종대에도 황제의 생일을 축하하기 위해 중국 사절단의
대표가 되어 성절사(聖節使)로서 다녀왔다. 이때 중국 황제 인종이 질
병으로 사망하고 선종이 왕위를 계승하게 되었다. 북경으로 향하던 맹
사성은 급히 북경에 도착하여 상복으로 갈아입고 조문하였고, 이 사실
을 곧바로 세종에게 보고하였다. 맹사성은 세종으로부터 외교역량을
인정받아 귀국 후 합참의장 격인 '삼군도진무'에 임명되었다. 중국에서

대마도
[출처: Pixabay]

황위가 교체되는 급박한 상황에 대한 대처 능력을 인정받은 것이었다. 위기관리 매뉴얼도 중요하지만 리더는 신속하고 순발력 있게 상황에 대응할 수 있는 능력과 준비성을 갖춰야 한다.

태종의 즉위에 가장 핵심적인 역할을 한 사람들은 전쟁을 수행한 무장들이었다. 평소에는 조정대신들이 정치를 이끌지만 전쟁이 발발하면 무력 없이는 어떤 일도 해낼 수 없다고 생각한 태종은 유능한 무장들을 항상 곁에 두고 총애하였는데, 이종무(1360~1425)도 그중에 하나였다. 1418년에 태종은 세종에게 왕위를 넘겨주고 물러나면서도 이종무에게 자신을 호위하게 했다.

1419년 태종은 대신들에게 "대마도를 치려고 하는데 어찌 생각하는가?"라고 물었다. 대신들은 한목소리로 이종무를 추천하였고 태종은 이종무에게 대마도 정벌을 명하였다. 227척 배에 1만 7,285명의 병력이었고 배에는 이들 병력이 65일간 먹을 양식이 실려 있었다. 대마도에 이른 이종무는 적선 129척을 빼앗고 적의 가호 1,939호를 불태웠으

며 적병 114명을 베었고 포로로 있던 중국인 131명을 구해냈다. 이종무
는 66세를 일기로 생을 마감했다.

영토를 확대한 주역

세종대에 문관으로서 6진을 개척하여 동북지역의 안정을 이끈 김종
서(1383~1453)는 조선의 영토를 두만강까지 확대한 주역이었다. 이 일
로 세종은 그를 신뢰하였고 차세대 정승으로 염두에 두고 있었다. 김
종서는 무관의 집안에서 태어났지만, 책을 좋아하고 시문을 가까이 한
까닭에 16세에 문과에 급제하여 관직을 받았다. 충청도로 감찰을 나간
김종서는 굶주리는 백성을 관원이 직접 관리하는 방안을 제시하였다.
이때 충청도에 굶는 백성은 남녀 장정과 노약자를 포함해 12만여 명이
나 되었다. 감찰의 품계는 정6품에 불과했지만, 사간원에 소속되어 있
었으므로 간관으로서 관리를 탄핵하고 임금에게 간언할 수 있는 힘 있
는 직책이었다.

사헌부로 직책을 옮긴 김종서는 사헌부의 업무인 국정에 대해 논평
하고, 백관을 규찰하고, 풍속을 바로 잡으며, 억울한 사람을 풀어주고,
권력남용을 방지하는 일을 하였다. 사헌부는 현재의 고등법원에 해당
되고 국정 전반에 힘이 미치지 않는 곳이 없는 권력기관이었다. 정5품
의 이조정랑(吏曹正郞)으로 자리를 옮긴 김종서는 인사권을 장악하고
정3품의 당상관 이상만 참여하는 인사 관련 회의에 배석하여 청요직의
임명제청권을 행사하였다. 이조정랑은 재상을 능가하는 정치적 영향
력을 행사하는 파워요직이었다.

김종서 묘소
[출처: 세종시 블로그]

다시 종3품 핵심요직으로 자리를 옮긴 김종서는 당상관들과 함께 자리하여 자신의 의견을 개진하였다. 3품 이상의 벼슬은 단순한 관리가 아니라 정치인이었다. 김종서는 양녕의 도성출입을 금할 것을 세종에게 주청했으나 받아들여지지 않자 출근을 거부할 정도로 결기가 있었다. 세종은 양녕의 문제로 내쫓겼던 김종서를 1년 6개월 만에 품계를 올려 정3품의 당상관인 우부승지(右副承旨)로 임명했다.

세종은 두만강 유역을 영토로 편입시키고자 김종서를 함길도 관찰사로 보내 6진의 설치 작업을 맡길 정도로 신뢰하였다. 김종서는 학문은 물론 지략과 무인의 기상까지 갖추고 있어 대호(大虎)라는 별명을 얻게 되었다. 김종서가 모친상을 당했지만 기복(起復)을 명령하여 그곳에 머물도록 했다. 6진(부령, 회령, 종성, 온성, 경원, 경흥)이 완성되어 두만강 유역을 국경으로 확정 짓는 개가를 올린 김종서는 다시 조정으로 복귀하였다.

문종이 죽고 단종이 즉위할 때 김종서는 의정부서사제도 하에서 좌의정에 올라 권력을 손안에 쥐었다. 일부 신하가 인사 대상자의 이름에 황색 점을 찍으면 왕은 그 점 위에 낙점하는 황표정사(黃標政事) 제도를 활용하여 자신의 세력을 요직에 배치하여 붕당을 조성하고 종실을 뒤엎어 수양대군에겐 위협 요인이 되었다. 의정부의 권력남용으로 왕권이 완전히 땅에 떨어진 상황에 처해있었고 권력은 황보인과 김종서에게 쏠려있었다.

김종서는 64세에 수양대군에 의해 자행된 계유정난으로 비참한 최후를 맞이하였다. 수양대군은 신숙주를 끌어들이고 무사를 양성하여 김종서를 찾아가 철퇴로 죽였다. 현재까지 계유정난의 평가는 수양대군과 그 주변의 무리들이 왕권을 탐한 나머지 저지른 비윤리적인 역모라는 견해가 우세하다. 리더들의 정치적 유산은 결국 수많은 사건들이고 그 평가는 후세의 몫이다.

군사 방어체제 구축

고려시대에는 점령지역을 재편하기 위해 유수부(留守府), 도호부(都護府), 목(牧), 군(郡), 현(縣) 등의 지배체제를 갖추었다. 유수부는 개성부, 강화부, 광주부, 수원부, 춘천부 등으로 수도 인근인 경기 안에 있었으며 한성의 울타리이자 비상시 임시수도 역할을 하였고 군사작전상 수도방어의 중핵이었다. 조선 세종대에는 왜구를 몰아내고 해안지대 방비를 위해 읍성을 축조하였다. 물론 본래의 거점은 산성으로 잔존했지만 조선 전·후기에 360여 개의 읍성이 새로 만들어졌고 신기종의 무기에 따라 방어 시스템과 군사전략은 바뀌어야 했다.

여진족의 방어에 지원물자와 병력 배치가 어려워지자 경원에서 후퇴하는 문제와 그대로 유지하자는 주장이 맞섰으나 세종은 완고하게 요새를 더욱 공고히 하여 조상의 옛 영토를 회복하겠다는 의지를 보였다. 또한 병조는 경원의 방어시설을 나무 울타리에서 돌 성으로 바꾸고, 군사적으로 지세가 중요한 곳에 감시초소를 더 만들고, 군비 마련을 위해 토지를 개간하며, 경원, 용성, 경성에 군사를 더 배치할 것을 건의했고 맹사성도 그 입장을 대변하였다.

맹사성은 함길도의 방어체계를 강화하기 위해 천호(千戶) 1인의 필요성에 공감하여 방어 능력이 출중하고 경험이 풍부한 사람을 뽑아서 관리로 임명할 것을 건의했고 세종은 받아들였다. 유목민족은 만호, 천호, 백호 등 십진법으로 군대를 편성했는데, 이 제도가 고려에 도입된 것은 원이 침략하고 난 뒤부터였고, 후에 점차 민호의 수와는 관계없이 진영의 품계를 뜻하는 말로 바뀌었다.

다재다능한 관리

세종은 공조참판 이천(1376~1451)의 제안에 동의하면서 경원부는 물리지 않고 용성 가까이에 목책을 설치하여 경계를 강화하는 방법으로써 100명의 군사를 배치하고 52호의 주민을 이주시켜 토지 300결을 경작하게 하였다.

이천은 본관은 예안이며, 태종 2년인 1402년에 무과에 급제하였다. 세종대에는 왜구의 침입을 막는 데 큰 공을 세워 충청도 병마도절제사로 임명되어 병선(兵船)을 만드는 일에도 힘썼다. 이천은 물리학자로서도 두각을 나타내기 시작하여 여러 기계장치의 원리를 연구하였고 저울을 만들었으며, 금속공예와 그 주조법에 조예가 있어 세종은 그를 공조참판으로 임명하여 새로운 청동 활자인 경자자(庚子字)를 만드는 일에 힘쓰게 하였다. 1434년에는 보다 세련된 갑인자(甲寅字)를 완성하였는데 20만여 개의 대소활자로 주조된 이 갑인자는 훌륭하고 선명하였고 큰 활자와 작은 활자를 필요에 따라 섞어서 조판할 수 있는 발전적인 것이었다.

　　이천은 기상관측을 담당하던 서운관(書雲觀)에서 장영실(1390~1450) 등과 함께 해시계 앙부일구(仰釜日晷) 등을 만들었고, 천체의 운행과 그 위치를 측정하기 위해 천문관측기 혼천의(渾天儀)를 제작하였다. 이천은 평안도 도절제사로 있으면서 평안도 지역에서 만난 여진족에게서 얻은 중국의 제철기술을 바탕으

앙부일구
[출처: 문화재청]

로 무쇠를 연철로 만드는 기술을 익혀 부족한 구리 대신에 쇠로써 대포를 만드는 등 화포의 개량에도 많은 노력을 기울였다. 또한 병선을 갑조선(甲造船), 즉 판자와 판자를 쇠못을 이용하여 이중으로 붙이는 방법의 시행을 주장하기도 하였다.

회유는 최고의 방어책

　맹사성과 황희는 경원부의 일선 방어진지는 후퇴시키고 지휘부는 북상시키는 전략을 제시하였으나 세종은 일선 방어진지와 지휘부를 북상시키며 두만강 하류 지역의 옛 경원 일대를 수복할 수 있는 교두보를 마련하고자 하였다. 세종은 여진족의 침략에 대한 적극적인 방어책을 강구하면서도 활, 화살, 창, 환도 등을 만들면서 여진족 정벌을 준비하였다.

　1433년 서북면 파저강 유역의 여진족을 정벌할 때, 동북면 알목하(斡木河)의 부족장인 동맹가첩목아가 적대적 위협이 되지 않도록 회유하는 방안도 모색하였다. 맹사성은 음식과 베를 보낼 것을 제안하여 동맹가첩목아에게는 베 10필, 그의 아들 권두에게는 베 5필을 보내 불만을 잠재웠다. 세종은 파저강 유역의 토벌을 통해 서북 지역의 영토 개척의 교두보를 확보하고자 하였다.

　여진족이 조선인을 죽인 것에 대한 보상으로 말 1필을 보내오자 맹사성은 여진족이 2명이나 죽었기 때문에 그들이 죄를 인정하고 배상하였으므로 사태를 마무리 짓는 게 좋겠다고 세종에게 건의하였다. 리더는 정의롭지 못한 학살로 타민족에게 진 빚을 영원토록 갚아야 할 의무를 국민들에게 주지시켜야 한다.

　두만강 여진족들 내에서 내분이 일어서 조선과 명나라에 우호적이었던 동맹가첩목아와 그의 아들 권두 등이 살해되자 알목하의 살아남은 여진족들이 조선 땅으로 와서 살기를 요청하였다. 세종은 여진족의 내분을 이용하여 영토를 확장하고자 하는 계획을 세웠고, 이에 맹사성은 지금이야말로 국토를 넓힐 때라고 『시경』에 있는 "소공의 도움을 받아 주나라의 문왕과 무왕은 매일 백리 씩 영토를 넓혔다."는 시를 인용하면서 뜻을 같이했다. 리더들 간에 형성된 라포(rapport)가 반드시 두 진영 간에 좋은 관계로 이어지는 것은 아니지만, 우선적으로는 신뢰관계를 위해 노력해야 하고 그런 시도가 있고 난 뒤에 비난도 해야 한다. 라포는 서로 의견이 달라도 국가 간에 외교적 위기로 치닫는 상황을 막을 수 있다.

토벌을 위한 전략회의

세종은 두만강 유역의 알목하가 조선의 영토임을 공표하고 주민을 이주시킬 준비를 시켰다. 맹사성은 여진족을 토벌할 때 쫓기다가 중국의 국경을 넘어서 도망치는 여진족을 계속 추적해야만 여진족을 성공적으로 정벌할 수 있다고 생각하여 중국에 출병 사실을 알려야 한다고 주장하였다. 세종은 중국 황제에게 그와 같은 주문을 올렸고, 중국으로부터 여진족의 침략행위 시 국경을 넘어도 좋다는 답신을 받았다.

조선 조정에서는 여진족 토벌군의 군사규모, 무기, 도강방법 등에 대한 논의와 함께 토벌군 편성문제가 논의되었다. 최윤덕은 토벌군 상장군에 임명되었고, 정예군으로 속전속결 전략으로 기습 공격하여 적의 소굴을 무너뜨리고 대군을 편성하여 진을 쳐서 적을 두렵게 해야 한다고 진언하였다. 세종은 공격 일자를 지시하면서 병력규모를 1만 명 이상 편성하는 문제, 도강 방법으로 배와 부교 중 어느 것이 좋을지 질문하였다. 맹사성 등 신하들은 현지 상황을 잘 아는 평안도 도절제사의 판단에 맡기자고 하였고, 세종이 염탐꾼을 보내 적의 상황을 탐지하는 문제를 거론하자, 언어와 풍습이 달라 발각되기 쉬우므로 보내지 않기로 결정했다.

맹사성은 파저강 토벌을 4월 보름에 할 것을 건의하였고, 세종은 병력규모를 조정하여 평안도에 마병과 보병을 합하여 1만 명과 황해도 마병 5천 명으로 최종지시를 내렸다. 현대와 미래 전쟁의 전략은 핵을 탑재한 미사일 공격보다 허위정보와 사이버 전쟁을 통해 내분을 일으키는 방식이 사용될 것이다. 21세기 전쟁에서 제일 위험한 무기는 "민주주의 기반을 약화시키고, 미디어에 침투하여 대중의 여론을 부추기는 비군사적 하이브리드 전쟁이다."

전투에 대한 공로와 포상

1433년 4월 최윤덕이 이끄는 1만 5천 명의 파저강 토벌 부대는 7개의 소부대로 나누어 여진족을 공격하였다. 이 토벌작전으로 여진족은 사망 170명, 포로 236명, 우마 170마리를 잃는 등 큰 피해를 보았고, 조선군사는 사망 4명, 부상자 20명에 불과하였다. 여진족을 상대로 한 전투에서 승리한 장수들에 대한 공로와 포상논의에서 맹사성은 최고의 예의로써 최윤덕에게 좌의정을 주도록 건의했다.

세종은 무관 출신을 정승으로 삼는 데 부담을 느끼고 김종서에게 '최윤덕은 가히 좌의정이 될 만하지만, 전공으로 그 벼슬을 줄 수 없다'는 말로 떠보자, 김종서는 '최윤덕은 공평하고, 청렴하고, 정직하고 부지런하며, 조심하여 나라나 사회를 위하여 힘써 일하는 사람이니 좌의정을 삼아도 부끄러움이 없다'고 보고했고, 세종은 최윤덕을 좌의정에 제수했다. 파저강 여진족 정벌로 압록강 유역에 4군을 개척하는 토대가 만들어졌다.

전쟁에 대한 기억

1950년 한국전쟁은 짧은 기간 좁은 영토에서 500만 명이 넘는 인명이 살상된 일제 강점기 이후 최대의 비극적 사건이었다. 이후 미국이 주도하는 국가안보체제에 편입되어 국가의 안정이 이루어졌고 60만이 넘는 군대와 5만이 넘는 경찰력을 갖게 되었다. 이 규모는 전쟁 이후의 정치의 틀을 결정했고 30년간 군부독재가 이루어졌다. 독재자들의 사상적 뿌리는 철학적으로는 홉스를, 통치기술은 마키아벨에 근거했다.

리더는 자유와 안보를 보호하는 데 실패한 탓에 사라진 문명들에서 교훈을 얻어야 하고 구성원들에게 역사의식을 고취시켜야한다. 전쟁의 고통에 대한 기억이 없는 새로운 세대는 전쟁에 둔감해질 수 있다. 평화가 70년간 이어진 뒤에는 앞서 벌어진 전쟁의 잔혹행위에 대한 개인적인 기억을 가진 사람은 거의 생존해 있지 않다. 리더는 특별한 이유 없이 전쟁에 맹목적으로 빠져들 위험을 경계해야 한다.

VII.

리더의 국가경영과 외교정책

예수회와 중국의 유교사상

중국의 명·청 시대 유럽의 예수회(Society of Jesus)는 선교활동과 함께 서양 문물을 소개하였다. 예수회는 1539년 로욜라(I. Loyola, 1491~1556)에 의해 창립됐으며 반종교개혁의 일환으로 가톨릭 신앙의 옹호와 부흥 등을 외치며 신앙생활에서 혁신을 주장하였다. 사제이며 선교사였던 마테오 리치(M. Ricci, 1552~1610)는 중국황실과 사대부에 기독교를 전파하였고 수학, 기하학, 천문학, 곤여만국전도 등과 같은 서양 서적을 한문으로 번역하였다.

예수회는 중국의 유교사상을 유럽에 전하는 역할도 하였다. 유럽은 관료를 능력에 따라 시험으로 뽑는 중국의 과거제도에 심한 충격을 받았다. 유학을 공부한 국왕과 관료들이 중국을 통치하는 것과 플라톤(Platon, BC 427~BC 347)의 철인정치의 이상이 일치했기 때문이었다. 동북아시아는 군주가 학문을 연마하여 사회변화와 개혁을 이루어 평화의 시대를 보낸 반면에 서유럽의 절대왕정은 구체제로 낙인찍혀 혁명과 전쟁을 경험해야 했다.

중국은 이미 11세기 중엽에 세계최초로 화약기술을 보유하였고 아랍과 유럽으로 그 기술이 전파되었다. 서양에는 우리에게 익숙한 프톨레마이오스(127~145), 갈릴레이(1564~1642), 뉴턴(1642~1727) 등과 같은 천문학자들도 있었지만 이미 동시대에 청나라에서도 천문학연구를 수행하고 있었다. 중국은 1,700여 년간 경제적인 면에서도 세계 정상의 위치에 있었다.

경제적 우위에 있는 나라가 상대국을 견제할 수 있는 가장 강력한 무기는 전쟁이 아니라 경제제재이다. 상대국에 대한 경제제재를 위해서는 명령이 아니라 국내외에 기업, 은행권들을 작동시킬 수 있는 리더십이 필요하다.

병권은 권력의 핵심

병권은 국가권력의 핵심이고 군대를 지휘 통솔할 수 있는 능력을 갖춘 리더에게 그 권한은 주어져야 한다. 태종은 물러나면서 병권만큼은 한동안 세종에게 물려주지 않았다. 태종은 개국공신이든 형제들이든 자식들까지도 믿지 않았다. 왕권이 제도적으로 안정되지 않았다고 생각했다. 일찍이 양녕대군을 중심으로 한 정치세력들의 형성도 미연에 차단하였고 무예와 행정능력을 겸비했어도 자신에 대한 불충으로 느껴지는 행동뿐만이 아니라 입에 담기만 해도 가차 없이 죽였다. 태종의 심중엔 왕권강화와 제도적 안정이 우선이었다.

상왕이 된 태종은 소헌왕후 심씨의 아버지 심온(1375~1418)에게 영의정 벼슬을 내렸다. 그 뒤 심온이 명나라에 사신으로 갈 때, 그를 환송하는 행렬이 장안을 가득 메웠다는 소리를 듣고 태종은 외척에게 힘이 실릴까 염려하였다. 태종의 의중을 읽은 좌의정 박은(1370~1422)이 심온을 죽일 것을 요청하였다. 명나라에서 돌아와 의주에 도착한 심온은 영문도 모른 채 의금부로 압송되어 사약을 받았다. 태종은 죄도 없이 죽은 심온에게 미안했던지 수원부에 지시하여 장사를 치르게 했으며 초상에 필요한 관과 종이와 석회를 내렸다. 그리고 세종의 왕비인 소헌왕후 심씨의 일족도 모두 노비로 전락시켰다. 리더의 조바심과 두려움이 주변인 모두를 믿지 못할 대상으로 보는 우를 범해서는 안 된다.

토론과 보고

세종이 처음으로 꾸린 내각인사들로서 영의정 한상경(1360~1423), 좌의정 박은, 우의정 이원(1368~1429), 돈녕부 영사 류정현(1355~1426), 이조판서 정이, 호조판서 최이(1356~1426), 예조판서 변계량(1369~1430), 병조판서 박습(1367~1418), 형조판서 조말생(1370~1447), 공조판서 맹사성(1360~1438), 예문관 대제학 류관(1346~1433), 대사헌 허지 등이었다.

1437년 세종은 6조직계제를 포기하고 의정부서사제를 도입하였다. 임금의 업무를 줄이기 위한 정책이었다. 의정부가 결재권을 행사함으로써 의정부 재상들의 힘이 강화되었고 재상정치가 시작되었다. 정승에게 결재권을 부여함은 책임정치를 구현하겠다는 세종의 의지였고 신권과 왕권이 조화로운 유교적 왕도정치의 이상에도 부합되는 일이었다.

관직은 중앙관직과 지방관직으로 나뉘었는데, 세종이 관직의 임기에 대한 규정을 마련하라고 명하자 맹사성은 '과실을 범했다 하더라도 직책과 관련하여 능력이 있으면 다시 임명하는 것이 마땅하다고 생각하고, 죄는 없다 하더라도 매년 두 차례씩 능력을 검증해보고 부족하면 면직시키는 게 마땅하다'고 주장하였다. 맹사성은 중앙관리와 지방관리의 임기를 모두 3년제로 행정의 통일성을 중시했고 인사고과 평가제도를 통일하자고 하였다.

맹사성은 관리의 목민관의 행정경험을 중시하였지만 지방근무는 사대부들의 기피대상이었기에 지방관의 임기를 6년제로 유지하는 것에 문제를 제기했지만 세종의 국정운영방식은 '서로 토론해서 보고하라'였고 세종은 지방관의 임기 문제를 토론에 붙였다. 치열한 토론의 결과 지방정책과 지방관의 안정을 위해 지방관의 임기를 3년에서 6년으로 바꾸었다. 6년제를 실시하자 지방이 안정되고 백성들의 생업이 안착되었다. 하지만 6년이나 지방에 머물면 출세의 기회를 놓치기 때문에 신하들 상당수는 불만이었다. 리더의 인사권한은 현재에도 불가침이지만 인재를 알맞은 자리에 채용하고 배치하는 일을 소홀히 해서는 안 된다.

상피제와 연좌제

세종은 인사정책을 맡은 관리의 자손을 관리로 임명하지 못하도록 하는 방안을 묻자 맹사성은 친족, 외족, 처족 등의 4촌 이내의 친족관계에 있는 경우 친인척과 한 관청에 근무하거나 출신 지역의 지방관으로 부임하는 것을 제한하였다. 상피제는 권력집중과 전횡을 막기 위한 제도였고 조선왕조가 500년의 명맥을 유지한 비결이기도 했다. 공직자가 직무상 권한을 남용하여 자신이나 가족의 인허가, 계약, 채용 등의 과정서 이익을 보지 못하게 하는 현대판 '이해충돌 방지법'에 다름 아니었다.

뇌물을 받은 관리의 자손을 등용시킬 것인지의 문제에 대해서 맹사성은 '옛 친족의 일로 유능한 사람을 못 써서 되겠는가.'라며 인재선발에 있어 삼강오륜 죄에 관련된 경우에는 엄격하였지만 뇌물죄로 인한 연좌제의 적용을 반대하였다. 현재도 연좌제는 폐지됐지만 요즘과 같은 인터넷 환경에서는 가족 구성원 중 한 사람의 과오가 가족과 주변 사람들의 신상까지 공개돼서 생활에 어려움을 겪는 일들이 비일비재하다. 21세기는 가족 간에 더욱 긴밀한 협조가 필요한 상황이다. 리더에게 가족은 정서적 균형을 유지하게 하고 언제나 안전한 피난처가 되어 주어야 하기 때문이다.

관리 임용과 능력

1433년 세종은 장영실이 자격루(自擊漏)를 만든 공로로 정4품의 무관직에 임명하고 싶다고 하자, 맹사성은 '김인이라는 사람은 평양의 관노였는데, 날래고 용맹하여 태종께서 장군으로 특별히 임명한 바 있습니다. 장영실도 가능하다고 생각합니다.'라고 고했고, 세종은 장영실을 무관직에 임명하였다. 장영실은 몽골 지배시절의 한족 아버지와 고려 동래현에 예속된 관기 사이에서 태어난 노비 신분이었다. 장영실의 아버지는 중국의 장인이었고 죄를 짓고 고려로 도망쳐왔다가 뛰어난 기술 덕분에 관기를 아내로 맞이하였다. 세종은 신분에 관계없이 능력과 자질만으로 사람을 평가하여 장영실에게 종5품의 벼슬을 내렸

아산시 인주면 장영실 추모비

다. 세종은 장영실에게 자신이 만들어보고 싶은 도구나 기계장치 등을 만들게 했고 금은제련과 관련된 일이나 철광채굴을 위해 광산으로 출장을 보내기도 했다. 장영실은 군사작전에 필요한 석등잔도 만들어냈다. 장영실은 임금의 가마가 부서지는 바람에 탄핵당하였고 파직 이후에 서인으로 살다가 죽었다.

외국과의 실리외교

17세기 중국을 통해 들어온 〈곤여만국전도〉와 같은 세계지도를 보게 된 조선 관리들은 그동안의 좁은 식견에서 벗어나 외국에 대한 관심을 키우게 되었다. 세종은 지피지기의 마음으로 일본지도를 완성하게 하였다.

많은 사람들이 '지도에 없는 마을'이란 말을 낭만적으로 사용하지만 리더는 지구본을 들여다보듯이 세계적인 공간에 대한 이해와 세계사에 관한 지식이 풍부해야 한다. 프랭클린 루스벨트(1882~1945)는 역대 미국 지도자 가운데 전무후무하게 무려 네 번이나 대통령에 당선되어 1933년부터 12년을 역임한 인물이다. 루스벨트는 무척 얌전한 아이였고 취미는 우표 수집이었다. 우표를 발행한 국가에 대한 정보를 백과 사전을 통해 알게 된 그에게 우표 수집은 무질서한 세계의 질서화를 위한 야망을 품는 데 도움이 되었다.

조선은 명나라와의 외교관계에서 철저한 사대외교를 취했다. 명은 환관 황엄(?~1423)을 통해 세종의 왕위 계승을 인정하는 교지를 전달하였다. 황엄은 조공물로 조선의 내시 40명과 공녀와 불경을 찍을 종이 2만 장을 요구했다. 환관 신분인 명나라 사신들의 엄청난 뇌물 요구에 조정은 명나라의 비위를 건드릴 수 없어서 들어주어야 했다. 명나라에 공녀를 보내기 위해 전국에서 처녀를 선발하였고, 부처의 사리도 구해줄 것을 요청받아 부처의 정수리뼈에서 나온 네 구의 사리, 유명한 승려들의 사리, 보살의 사리 558구도 함께 보냈다.

리더는 상대가 독재정권이라 하더라도 실용적인 방식으로 접근해야 한다. "네 적들을 절대로 증오하지 마라. 그 증오심은 네 판단력에 영향을 주니까."(영화 〈대부 3〉) 서로의 공통점이 무엇인지 끈기 있게 찾아내는 일도 필요하다. 최악의 상황을 막는 것은 전면적인 외교전이다. 리더는 대리인을 통해서라도 중요한 사안에 대해서는 탁구경기처럼 셔틀외교를 벌여야 한다.

선물과 조공

조선 개국 초부터 일본은 대장경 목판을 달라고 요구하였는데, 목판을 가져다가 불경을 대량으로 인쇄하여 사찰에 비치할 생각이었다. 이에 세종은 "대장경 목판은 한 질밖에 없고 이것은 조상 때부터 전해 내려오는 것이니 내 마음대로 줄 수 없다."고 일본 사신들의 요구를 거절하였다.

조공(朝貢)은 임금과 신하 사이의 의례 형식이었지만, 조선과 중국과의 국제교역이고 문화교류의 성격을 띠었다. 명나라 황제도 받기만 한 것이 아니라 세종 등극 선물로 양 1,052마리를 보냈다. 서로 주고받는 일종의 조공무역이었고 세종도 여진과 일본에 조공을 요구하면서 그들에게 필요한 물자를 제공하기도 했다.

교린정책 외교

새해 정월 초하루 임금은 면류관과 곤룡포 차림으로 여러 신하를 거느리고 멀리 황제에게 망궐례를 행했다. 세종은 일본에 대해서는 대등한 외교를 이끌었고, 대마도나 유구 등의 소국이 변경을 위협하면 엄격함과 인자함을 보였다. 이 당시 대마도는 경상도 관찰사의 관할 구역이었고 동해에 독도라는 섬이 있다는 사실을 알고 찾아보게 하였다.

리더가 할 역할 중에 국가 수호와 관련하여 중요한 것은 외교정책이다. 주변국들을 달래기 위해 또 다른 막강한 나라의 힘들을 이용하는 것도 지혜이다. 독일은 영국과 프랑스로부터 견제를 받자 미국의 힘을 이용했다. 하지만 상대국에게 실천하지 않을 위협은 정치적으로 지도자에게 치명적인 상황을 야기할 수도 있다. 리더십이 의심되면 정적들은 혁명을 꿈꾼다.

세종대에 외교의 기조는 중국은 받들어 섬기며 국가의 안정을 도모하는 사대를, 일본과 여진에게는 온건과 강경, 회유와 토벌이라는 이중적인 내용을 갖는 교린정책을 추진하였다. 사대외교는 조선의 국왕이 명의 황제로부터 임명장을 받고 사절을 파견하여 예물을 바치는 것을 기본으로 했다. 예물 또한 중국이 물품을 지정하였고, 조선이 필요한 물품을 답례로 주기도 하였다. 조선과 중국은 중요한 교역 파트너였다.

새로운 사회계층

내시부의 벼슬품계는 녹봉은 낮지만, 정2품까지 이르렀다. 임금에 따라 내시부 환관에게 종1품 벼슬을 내리는 경우도 있었다. 하지만 정2품인 판서들은 자신들보다 한 단계 내려 종2품으로 한정할 것을 주청하였다. 내시는 검교(檢校)의 벼슬로서 실제 직책이 아니라 공훈의 대가로 주는 직책이었고 궁궐 내에 또 하나의 계층이었다.

새로운 사회계층을 적극적으로 포섭했을 때 비로소 왕조의 변화가 가능하다. 변화를 위해 역사의 올바른 편에 서서 상황을 즐길 사람은 진정한 리더의 자질이 있다. 고려가 본관 제를 실시하고 성을 하사하면서 지방 군벌에 불과하던 호족을 문벌 귀족 사회의 일원으로 전환시켰다. 절대로 연속된 지배집단이 아니었다. 19세기 세도정치기에 한양과 근교에 거주하는 선비무리들을 중심으로 국정이 운영되자, 향촌사회에서는 양반의 지위를 유지할 방법을 찾아야 했다. 이에 향촌 양반은 족보, 문집 등을 제작하여 과거의 영광을 추억하면서 가문의 정통성을 내세웠다. 족보는 대부분 19세기에 만들어졌다.

충언과 신임

1404년 맹사성은 사간원에 있을 때 태종의 결정에 의문을 품었기 때문에 온수(溫水)로 귀향을 가게 되었다. 노비의 소유가 바뀐 소송문제였는데, 만일 판결이 잘못됐으면 형조의 관리들이 탄핵을 받아야 마땅하였으나, 맹사성이 볼 때 문건의 증거가 부족하였으므로 임금의 최종 결정을 기다리다 사헌부에 의해 고불까지 탄핵된 사건이었다. 고불은 왕정의 공정성을 위해 사실되고 진실하게 공무에 임한 결과 1405년 관제가 6조직계제(六曹直啓制)로 개편되면서 승정원의 핵심관리가 되었다. 이전에는 3정승들을 통해 임금에게 보고되었는데, 제도의 개혁은 왕권강화를 위한 것이었고 맹사성은 지근거리에서 태종을 보좌하게 되었다.

1406년 맹사성은 임금의 경연에 참석하였는데, 문과 과거시험과 관련해서 자신의 소신을 밝혔고, 경연에서는『논어』,『맹자』,『중용』에 대한 강론이 있었는데, 태종이 글이 어렵지 않아 읽고 이해하는 데 별로 어려움이 없다고 말하자, 경연에 참여했던 맹사성을 포함한 신하들은 경전의 학습은 글자와 글귀의 해석이 아니라 의미에 대한 깊은 통찰이 있어야 한다는 충언을 하였다. 태종의 사위인 조대림 사건으로 맹사성은 정치적 위기는 물론 사형을 당할 위기에 처하였으나 많은 사람들의 충언으로 목숨을 부지하게 되었다. 고불은 그 일로 귀양살이와 복귀 후에도 중앙에서 지방한직으로 밀려났다가 태종의 신임을 얻어 이조참판, 예조판서, 호조판서 등을 두루 역임하였다. 리더는 위기에 맞서 싸우는 능력, 그리고 시련이 닥치는 동안에도 품위와 정치력을 잃어서는 안 된다.

세종 초기에 맹사성은 승진을 거듭하여 종1품의 의정부 찬성사에 오른다. 특히 궁중의 예악을 맡은 맹사성은 상왕인 태종을 모시는 연회를 성공적으로 이끌어 세종으로부터 신임을 얻었고, 태종은 맹사성에게 왕실과 신하를 중재하는 특별한 임무까지 맡기면서 고불을 두텁게 신임하였다. 승진은 스스로를 리더로 의식하게 한다. 리더에게 경험은 최고의 스승이다.

맹사성이 이조판서로 재직 시 태종과 원경황후의 신위를 모신 광효전(廣孝殿)에 의식관원을 보내지 않은 일로 아랫사람이 검찰에 구속되자 연대책임을 지고 궁궐 출입을 하지 않자, 세종은 모든 죄를 사하여 주고 출근하게 하였다. 1421년에는 맹사성이 아버지를 간병하기 위해 사직하고자 하였으나 치료약을 보내며 사직을 허락하지 않았다.

투옥, 파면, 복직

1427년 맹사성은 우의정에 임명된 지 5개월 만에 좌의정 황희와 함께 의금부에 투옥되고 파면당한 일이 있었다. 황희의 사위 서달이 신창현을 지나다가 하급관리가 무례하다하여 죽인 사건을 고불이 무마해주려다 발생한 사건이었다. 황희가 맹사성에게 도움을 청했고 고불의 고향인 신창현감과 피해자 가족에게 선처를 부탁한 일이 잘못된 것이었다. 세종은 대사헌의 반대를 무릅쓰고 20일 뒤 맹사성과 황희를 복직시켰는데, 정승들의 역량을 세종이 인정했기 때문이다. 리더는 숨겨진 역량과 신선한 이미지를 가진 인재들을 발굴해야한다. 그 인재들은 개인적 해방과 정치적 해방을 누리며 자신의 역량을 발휘하여 정치적 운명의 주인이 된다.

1429년 세종은 우의정 맹사성이 70세가 되자 궤장(几杖)과 교지(敎旨)를 내려 늙고 힘들어도 계속 자신을 보좌해줄 것을 부탁하였다. 교지에는 맹사성이 '겸손, 공손, 온화, 우아'한 미덕으로 태조, 정종, 태종과 자신을 섬겨 관원들의 모범이 되었다고 적었으며 세상 사람들의 존경을 받을 만한 달존(達尊)이라 평가했다. 이에 맹사성은 '평생 한 일을 돌아보매 한 가지도 잘한 것이 없는데 궤장을 내리시니 몸 둘 바를 모르겠습니다. 의자의 검은 가죽은 등에 아주 편안하고, 비쩍 마른 무릎이 지팡이에 의지 되매 넘어지지 않도록 받쳐주고 있습니다. 나라의 운수가 반석처럼 편안하게 세세토록 영구함을 기대하고, 임금의 몸을 하늘이 보전하여 만수를 누리시기를 한없이 축원합니다.'라고 고마움을 표했다.

1435년 76세로 맹사성이 좌의정으로 정년하기까지 8년간 정승으로 세종을 보좌하였고 은퇴 후에도 국가의 중요한 일에 자문하였다. 말년을 보내기 위해 온양으로 내려온 맹사성은 '강호사시가'를 지어 계절의 변화에 따라 자신이 자연과 함께 소요하면서 삶을 즐기는 것은 세종의 은혜임을 노래하였다. 리더는 자신의 존재가 자연과 연결돼 있다는 생각으로 늘 자연과 함께하는 시간을 가져야 한다.

1438년 10월 맹사성은 79세의 나이로 작고하였다. 세종은 맹사성에게 문정(文貞, 충성하고 예로써 사람을 대하여 文, 절조를 지킴에 貞)이라는 시호를 내렸다. 세종은 신하들과 논의와 대화를 통해 국정운영을 하였기 때문에 맹사성에 대한 기록은 『조선왕조실록』에 풍부하게 수록되었다.

외교적 능력과 위기

맹사성은 세종의 외교정책에서 중국에 사절로서 임무를 수행하였다. 선물할 물품에 대한 부담을 줄여주는 일, 중국 사신에 대한 접대, 중국의 여진족에 대한 정책에 대한 대책 등 외교적인 문제를 주도하였다. 리더는 주변국들과 동맹관계를 맺어 국가의 안전을 확보해야 한다. 중국을 향한 숭배에 가까운 사대외교는 공생에 가까운 측근들이 받쳐 주고 있어 가능한 일이었다. 유럽연합도 동맹 안에서 안전을 확보하고자 했던 목표와 비전이 이루어낸 성과물이다.

조선에서 중국에 파견하는 사절은 1년에 3차례로 정월 초하룻날 새해를 축하하는 하정사(賀正使), 일 년 중 낮이 가장 짧고 밤이 가장 길다는 동지에 보내는 동지사(冬至使), 황제나 황후의 생일을 축하하는 성절사(聖節使) 등이 있었다. 맹사성은 1407년 9월에 왕의 명령을 글로 쓰는 벼슬을 하던 당시 새해를 축하하기 위해 중국 사신 단에 14세의 세자와 함께 시종관으로 동행하였다. 8개월 후인 1408년 4월에 사신단이 중국을 떠나는 날 황제를 알현하였는데 황제는 세자의 나이를 묻고 사절단에게 선물을 하사하였다. 중국황제는 불교를 숭상하였음으로 찬불시를 짓고는 맹사성 등에게 영곡사라는 사찰에 가서 예불을 행하고 자신의 시에 속운을 바치도록 하였다. 맹사성은 중국황제가 내린 시에 운하여 시를 지어 황제로부터 인정을 받았고 세자를 수행했던 대명외교는 성공적으로 마무리되었다.

맹사성의 외교 능력을 함께 체험했던 세자 양녕은 고불을 외교 의례에 해박하고 자신의 직무에 충실했던 인물로 높이 평가하며 1409년 조대림 사건을 처리하는 과정에서 맹사성이 위기에 닥쳤을 때 태종에게 그를 용서해줄 것을 간청하면서 맹사성을 졸직(拙直)한 사람이라고 변호하였다.

사신접대와 선물

중국의 사절도 조선에 많이 파견되었는데 주로 환관이었다. 중국 사절들에 대한 접대는 맹사성이 주로 담당하였다. 조선 출신의 중국의 환관인 윤봉은 중국 황제의 총애를 받으면서 조선 땅에 자주 왔는데 무리한 예물을 요구하였다. 여러 쌍의 사냥용 매를 잡아 바치라 했는데 흰색 매 두 쌍밖에 잡지 못했다. 이에 세종과 맹사성은 송골매를 많이 잡아 바치는 방안에 대해서 논의를 하였다.

맹사성은 여진족에게서 도망친 중국인과 관련하여 조선이 비록 중국에 사대외교를 한다고 하더라도 중국인 본인의 의사와 조선의 국익을 우선해야 한다는 원칙을 가지고 중국인이 조선인으로 귀화하여 살고자 원함으로 그의 뜻을 존중해야 한다고 주장하였다. 리더는 자신의 의제로 인권 문제를 삼아야 한다. 리더는 인권침해와 잔혹행위를 눈감아서는 안 된다.

중국사신 창성은 조선에 처녀, 사냥매, 사냥개, 쥐 가죽, 사슴 가죽 등 예물을 바칠 것을 요구했다. 이에 세종과 맹사성은 창성은 무지한 환관으로서 예의염치도 없이 탐욕만 자행하는 자이나 그의 요구를 들어주지 않으면 중국 조정에다 거짓으로 고하여 조선을 불충의 나라로 만들 소지가 있으므로 외교라는 큰 틀에서 냉정하고 객관적인 자세로 문제를 풀어갔다. 리더의 외교력에서는 인내력과 상황에 대한 분석력이 중요하다.

중국 사신은 젓갈 담그는 곳에 직접 가기를 원하며 노래 부르는 여인 30명을 요구하였다. 이에 맹사성은 지형이 험하여 젓갈 담그는 곳에 가기 어려우며 노래 부르는 여인은 10~15명만 참석시키는 방안을 제안하였고, 중국사신이 개인이 착복할 목적으로 요구하는 물품에 대해서는 황제에게 보고하는 문서대장에 사실대로 기록할 것을 주장하였다.

고불은 중국이 조공물품으로 금은을 요구하자, 금은이 조선에서는 생산되지 않아 모두 외국에서 수입한 것이지 자국 생산품이 아니므로 다른 안을 제시하였다. 조공품으로 금은 대신에 말, 베, 기름종이 등을 제안하였고, 다만 중국에서 왕세자, 세손, 비, 빈 등의 책봉이 있을 때에는 황금안장을 바쳐 하례하겠다고 제안하였다. 고불은 세종에게 외교술을 발휘하기 위해 조선의 사절단장으로 6조판서보다는 중국어에 능통한 역관 출신의 외교전문가를 선발할 것을 주청하였다.

중국 사신들의 물품 요구에 대해 중국 황제에게 보고하자 중국 황제는 조선 국왕에게 칙서를 보내 사신들의 개인적인 물품 요구에 절대로 응하지 말라고 하였다. 하지만 맹사성은 황제의 칙서가 있다 하더라도 사냥용 매와 큰 사냥개 등의 사소한 물건 정도는 사신에게 줄 수도 있는 문제로 보았다. 황제의 칙서로 인해 중국 사신들은 물품을 요구하지 않았지만 자신들의 물품을 기증하고 그에 대한 답례를 요구하는 편법을 썼고, 맹사성은 이 또한 관행이 될까해서 이들의 요구를 거절하였다.

중국 사신이 돌아가면서 털옷과 돗자리를 요구하자, 맹사성은 황제의 칙서를 구실로 거부하였고, 황제가 총애하는 환관이 사절로 오는 경우에는 쌀, 콩, 면포 100필 등을 그의 아버지 집에 하사함으로써 간접적인 방식을 취하기도 하였다. 중국 사절단에 대한 대접은 황제가 조선에 대해 호의를 갖도록 하는 것이 주목적이었다.

환관인 창성과 윤봉은 조선이 선물을 주지 않자 화를 내며 조선 신하들을 압박하였다. 맹사성은 윤봉은 중국에 금은 조공을 면하도록 힘써 준 공로가 있으니 윤봉의 동생인 윤중부에게 2품의 벼슬을 하사하도록 제안하였다. 또한 환관 창성에게도 부의금조로 포목 30필을 전달하였다. 조선은 황제의 칙서에도 불구하고 중국 사신들을 후하게 대접했고, 선물들을 제공할 수밖에 없었다.

중국 사신이 질병을 앓고 있어 조선 왕에게 전염될 소지가 있자, 세종은 병을 핑계로 사신과의 대면을 거부하기도 했다. 중국 사신단을 맞이할 때에는 오색의 화려한 장식으로 꾸미고 군사적 의례를 행하며, 황제의 칙서를 맞이하는 의식을 치렀다. 중국 황제는 조선에 소를 바치라는 칙서를 내렸고 그들이 요구하는 수의 소를 바칠 수밖에 없었다. 중국 사신단의 식량은 물론, 겨울과 여름철의 갓, 신발, 의복, 공녀 등도 조선이 제공해야 했다.

중국에서 온 사절단과 국내인들 간에 밀무역이 문제가 되자 물품의 수요부족을 야기하는 물품이 유출되는 것을 막기 위해 조선 조정은 극형으로 죄를 묻고자 하였다. 다만 국경지방인 의주는 중국과의 민간 외교차원에서 일정 품목에 대해 자유 무역을 허용하였다. 조선 조정은 중국과의 무역에서 약재와 서책의 무역은 허용했는데, 맹사성은 경서의 무역을 통해 중국으로부터 학술서적을 수입하고자 하였다. 리더는 세계의 고전문학과 역사서 등 수많은 책에 관심을 두고 읽어야 한다.

귀화정책과 대명외교

세종은 여진족을 회유하기 위해 벼슬을 주고 귀화정책을 추진하였고 조공을 바치러 온 여진족에게 그들의 가족들이 조선의 조정으로 들어와 임금을 호위하는 일들을 해줄 것을 제안하며 저마포 10필을 내렸다. 여진족들의 부족 중에서 알목하 부족장인 동맹가첩목아는 자신의 아들을 조선의 왕이 참여하여 실시하는 군사 훈련으로서의 수렵대회에 참여시키고자 조선 조정에 요청하였으나, 맹사성은 조선의 군사력을 보여주는 것이 좋은지의 여부에 대한 논의를 한 끝에 조선의 군사력이 취약함을 야인들에게 비춰질까 우려하여 반대하였다. 이에 세종은 태조 이래 '귀화한 자를 임금의 수레를 호위하는 일이 보통 흔한 일'이라고 하면서 받아들고자 하였지만, 결국 맹사성의 뜻을 받아들여 여진족의 참여를 허락하지 않았다.

맹사성은 여진족을 회유하여 조선의 세력권 내에 둬야 한다는 점에서는 뜻을 같이했지만 여진족이면서 조선의 벼슬을 얻어 수시로 조공을 바치는 자는 경계의 대상으로 보았고, 완전히 귀화하여 조선 사람으로 살아가는 여진족과는 엄밀하게 구별해야 한다는 입장을 견지했고 이것은 원로대신들의 공통된 입장이었다.

맹사성은 여진족으로부터 도망쳐온 중국인의 경우에는 명나라로 돌려보내야 한다는 대명 외교를 중시했다. 중국의 사신 윤봉이 여진족에게 붙잡혔던 포로 103명을 데리고 가야하는 데 겨울을 조선에서 날 수 있도록 거처를 마련해달라는 제안에 세종은 이를 허락하였고 맹사성은 여러 대신들과 함께 이들에 대한 성대한 환영연을 열어주었다. 리더는 국가를 넘어 국제적인 역할도 맡을 수 있는 역량을 키워야 하고,

내면에는 호기심과 결의에 찬 야망을 품어야 한다. 본인의 역할이 무엇인지 항상 스스로 성찰해야 하고 도움을 받을 수 있는 주변의 인물들에게 손을 내밀 수 있어야 한다.

중국사신이 북방 여진족의 항복을 받기 위해 북쪽으로 오는데 조선군대가 호위해줄 것을 요청받자 적당한 병력을 지원하기로 하였다. 조선군대는 매달 초하루와 16일에 정기적인 군사조회를 실시하였다. 이를 통해 군의 기강을 점검하고 임금이 군의 통수권자임을 확인시켰다.

회유와 위로

1431년 세종은 일본과 외교관계를 위해 노력했고, 일본이 중국에 조공을 바칠 뜻이 있음을 중국에 전달해 달라고 요청하였지만, 맹사성은 일본을 견제하기 위해 두 나라 간의 외교문제에 개입할 필요가 없다는 입장을 취하였다. 일본으로부터 온 공식 외교문서에 대한 회답이나 선물을 주는 일은 일본이 소란을 일으키지 않도록 하기 위해서였다.

맹사성은 일본이 섬 오랑캐로서 예절과 의리를 알지 못함으로 만일 잘잘못을 따지게 되면 마찰이 빚어지고 혼란이 발생할 우려가 있으므로 설사 예의에 어긋난다고 하더라도 그들을 회유하고 위로하는 정책을 취해야 한다고 주장했다.

유구는 일본 오키나와를 중심으로 한 국가로써 조선의 기록에서는 '유구국'이라고도 하였다. 오키나와에서 남산(南山), 중산(中山), 북산(北山)의 세 왕조로 규합되었다가 15세기 초 통일 유구 왕조가 세워지면서 독립 국가로 발전했다. 메이지 시대 이전까지 중국, 조선 등과 활발히 교류하다가 1879년에 일본에 병합되었다. 조선은 유구를 일본과 동등한 자격으로 인정하였고 배 만드는 기술자들의 귀화를 환영하였다.

일본은 코끼리와 같은 쓸데없는 물건을 진상하였다. 전라도 관찰사는 코끼리가 하루에 콩을 4~5두씩 먹어 치우므로 전라도 백성들만 고통을 당하니 경상도와 충청도에서도 돌아가며 기르게 해달라고 요구하였다. 코끼리 발에 채여 죽는 일이 벌어졌고 충청도 관찰사는 코끼리는 엄청나게 많은 곡물을 먹어 치우는 쓸모없는 짐승이라며 섬 안 목장에 둘 것을 호소하였다. 그러나 상왕 태종은 물 좋고 풀 많은 곳에 놓아주고, 잘 돌봐서 죽지 않게 하라고 지시하였다. 국가든 개인이든 간에 내 마음대로 주는 선물은 선물이 아니다. 선물엔 애틋한 정성이 들어있어야 한다.

VIII.

삶과 직결되는 세제와 복지정책

조용조 세금체제

당나라(618~907)에서 삼국시대 때 도입된 조용조(租庸調)체제는 19세기 말까지 우리나라의 기본적인 조세 수취방식이었다. 15세기는 토지를 근간으로 매기는 조·용·조(租庸調) 체제가 재건되었다.

조(租)는 토지를 대상으로 곡식에 매기는 세금이다. 용(庸)은 16세에서 60세 남자에게 부과하는 노동력과 세금이었다. 조(調)는 촌락단위로 집에 할당되었는데 수공업 제품이나 지방 특산물을 바치는 세금

조용조 동판
[출처: 국립 조세박물관]

이었다. 물론 세금징수 방식에 문제도 있었다. 지방특산물을 중간책이 대신 납부해주는 방납상인(防納商人)의 등장이었다. 처음에 운반비 등 물류비의 절감차원에서는 이득이었지만 문서에 기록된 지역과 특산물이 다를 때에는 다른 지역에서 물품을 사서 납부해야만 했다. 방납 상인은 중앙의 실력자와 연관되어 이익을 나눴고 방납의 높은 수수료는 백성들에게 큰 부담이 되었다. 점차 지역특산물을 바치는 방식에서 방납 상인에게 돈을 지불하는 형태로 바뀌었다. 방납은 고리대와 비슷한 폐단을 낳았고 류성룡(1542~1607)은 방납제도를 개혁하고자 하였다.

세계 기축통화

1571년 스페인은 멕시코와 필리핀의 마닐라를 점령하였다. 스페인 상인들이 동방의 귀중품을 구입하기 위해 지불한 화폐가 은화였다. 멕시코와 페루에는 수백 년 써도 마르지 않을 대량의 은광이 매장돼 있었다. 스페인들은 은광을 점령하고 채굴하여 스페인 은화를 대량으로 주조하였다. 이 은화가 태평양을 건너 마닐라로 옮겨졌다.

16~17세기에 명나라도 은은 세금납부 및 국내 상거래에서 주요화폐였다. 명조정은 모든 세금을 은으로 받는 일조편법(一條鞭法)을 시행하였다. 청나라 시기에도 지정은제(地丁銀制)를 실시하여 중국은 16세기 이후 전 세계로부터 끊임없이 은을 흡수하였다. 은은 명·청시기에 중화제국의 번영을 이끈 핵심요소였다. 16세기 주조된 스페인 은화가 전 세계 은화와 동전의 표준이 되었고 19세기에 멕시코가 독립한 후에도

멕시코 은화는 여전히 마닐라를 거쳐 중국으로 공급되었다.

1503년 연산군일기에 따르면 어전 회의에도 참석하였던 양인 김감불과 노비 김검동이 발명한 은제련법인 회취법(灰吹法)은 세계 최초의 발명이었다. 잿더미 속에 은광석과 납석을 섞어 녹이면 납은 재에 흡수되고 은만 분리되는 방식이었다. 그런데 국가 기밀에 해당되는 이 기술을 전주판관이 일본상인에게 전수하였고 이후 일본은 세계 은의 약 30%를 생산하는 부국으로 성장하게 되었다. 은은 16세기 전세계 통화의 기준이 되는 기축통화였다. 일본은 은으로 필리핀을 통해 유럽산 신식무기인 조총을 대량으로 구매하게 되었고 임진왜란이 발발하게 된 여러 요인 중의 하나가 되었다.

경제구조의 변동

16세기 세계 경제는 중상주의 정책에 따른 은본위제였고, 일본의 왜은이 조선을 통해서 명나라에 들어감으로써 조선은 거대 은 유통망의 일원이 되었다. 명나라 군의 임진왜란 참전으로 은이 조선의 시장에 대량으로 유통됨으로써 경제구조의 변동이 촉진되었다. 중국에서는 은광 개발이 붐을 이뤘고 농업사회를 기반으로 하는 조선의 국가 체제 전반의 균열을 가져왔다. 16세기부터는 각종 신역이 현물화폐로 납부되면서 세제의 금납화 현상이 촉진되었다. 화폐경제는 도시와 상업의 발달이 전제되어야 한다. 물론 중세 유럽에서는 부역의 의무가 화폐로 대납되면서 신분해방에 긍정적인 요인으로 작용했다.

13세기에 서구는 이미 도시가 형성되어 상업 활동이 활발히 이루어졌고 인구가 증가하고 경제력이 커졌다. 도시민의 안전을 위하여 성을 쌓았고 수공업자들은 자유로운 신분이 되어 세금을 납부하면서 상거래에서 공동의 이익과 안전을 도모하는 길드(guild)를 조직하였다. 길드는 상업거래 중단선언도 가능할 정도로 도시 행정권을 독점하였고 부를 획득하여 귀족과 성직자 중심의 신분질서에 도전하였다.

세제개혁과 국가안정

세종은 대부분의 소금을 국가 소유로 공영화하는 정책을 펼쳤다. 소금에는 이익이 많고 소금이 백성들에게 생필품이었기에 염장들의 반발에도 불구하고 사염을 없애고 모두 공염화 하였다.

전기, 수도, 대중교통, 보육, 가스, 의료 등 생활기본 항목들과 관련된 사업의 민영화와 공영화의 문제는 비용과 세금부담의 문제와 관련된다. 공공서비스의 민영화는 국가의 책임과 관련되는 중요한 문제로써 리더는 최우선적으로 시민의 인간다운 삶을 중심에 놓고 모든 정책을 펼쳐야 한다.

연산군(재위 1494~1506) 이후 토지제도가 문란해지면서 민란이 일어났고 숙종(재위 1674~1720) 대에 가장 심각했다. 조선시대 3대 도적으로 불리는 홍길동, 임꺽정, 장길산의 등장은 삼정(전정, 군정, 환정)의 문란과 관리들의 횡포, 과중한 세금 등이 문제였다.

영조(재위 1724~1776) 대에는 토지 총액에 세금을 부과하면서 세제개혁을 단행하였다. 어장, 염장, 선박에 부과하는 어염선세와 같은 새로운 상업 이익을 국세로 전환하였고 조선 전기에 조·용·조는 대부분

금납화되었으며 토지에 결부되는 방식으로 전환하였다. 17세기 후반부터 중국의 강희제, 영정제, 건륭제와 조선의 숙종, 영조, 정조 등 약 100년간 동북아시아의 평화의 시대는 세제개혁에 성공하여 내정을 안정화 시켰기에 가능한 일이었다. 지역마다 지형과 기온의 차이로 생산되는 곡식의 양도 차이가 났으므로 풍년과 흉년, 토지에 등급을 매겨 세금을 차등적으로 거두어들이는 정책을 펼쳤다. 민심을 반영하기 위해 여론조사를 통해 세법을 정하였다.

대동법과 균역법

17세기에 대동법은 경제체계의 근간을 바꿔 놓았다. 토지 소유분에 따라 세금을 납부함으로써 백성의 부담은 현격히 줄어들었다. 경제적 규모에 따라 부과하였고 다양한 혜택을 누리던 양반 특권계층도 지주로서 세금을 납부하게 되었고 대동법과 함께 대규모 화폐교환 체제가 만들어졌다. 대동법은 기본적으로 쌀(米)로 받는 것을 원칙으로 하였으나 지역에 따라서 목(木), 포(布), 전(錢)의 납부를 허락하였다. 조선 전기에 구축된 행정, 사법, 군정을 장악하던 목민관은 17세기부터는 지역재정 운영에도 관심을 가져야 했다.

17세기 조선은 전란과 대기근으로 인구가 단기간 급감하였다. 청 태종은 1636년 병자년에 2만의 대군을 이끌고 조선을 군사적으로 복종시키기 위해 침략하였다. 인조(재위 1623~1649)는 급히 남한산성으로 피신하였다가 한 달 보름 만에 항복하여 삼전도에서 삼배고구두례(三拜叩九頭禮)의 핏빛굴욕을 감내해야 했다. 현종(재위 1659~1674) 대에는 지구기온이 1℃ 낮아져 소빙하기가 찾아와 냉해, 가뭄, 지진, 태풍, 홍수 등의 피해를 입었고, 숙종(재위 1674~1720) 대에는 5년간 자연이상 현상으로 대기근이 발생하여 식인에 대한 소문이 돌아 흉흉했다.

숙종 대에는 인구가 700만에서 3년 만에 140만 명이 줄어 인구가 560만이 되었다. 왕실은 전란과 장기간 기근으로 백성들의 생활 형편이 어려워지자 균역의 부담을 줄여줄 대책을 마련해야 했다. 균역법(均役法)의 시행으로 첫째, 남자에게 부과되는 양역(良役)의 형평성이 제고되었다. 백성들은 농사일을 하다가도 수시로 군인으로 차출되었는데 세금의 납부로 면제받을 수 있게 되었다. 균역법으로 소민, 양민, 양반, 왕실, 국가 등은 모두 하나의 세금체계로 들어왔으며 다양한 사회신분 계층이 역을 나누어지게 되었다. 둘째, 국가의 1년 예산에 대한 표준액이 정해지고 군현에 재분배되어 국가재정이 일원화되었다. 셋째, 한양은 상업도시화 되면서 농사를 짓는 백성이 드물었는데, 정책기조의 변화로 상업정책이 강화되었다. 넷째, 사회신분이 재편됨으로써 양반사회에서 보이지 않는 변화가 일기 시작했다.

세금의 수운과 육운

아산은 아산만을 통해 내륙 깊이까지 바다와 접하는 특이한 지형 구조로 인해 충청 내륙과 경기도로 연결할 수 있어 조선시대에도 수운과 육운이 발달하였다. 특히 조선시대에는 아산에 공세곶창(貢稅串倉)이 설치되어 수운을 이용한 조운(漕運)의 요지였다. 공세곶창이 있는 공세리는 안성천과 삽교천이 만나 아산만으로 나아가는 해상교통의 요충

공세리성당
[아산시 인주면 공세곶창터]

지였다. 1478년(성종 9)부터는 공세곶창이 경기도 일부와 충청도 40여 고을의 세곡을 모아 수납·운송하였고, 1523년(중종 8)에는 공세리에 80칸의 창사(倉舍)를 짓기도 하였다. 이후 19세기 조창이 혁파될 때까지 공세곶창은 시기별로 규모의 차이는 있지만 명맥을 이어나갔다.

　육상교통의 핵심인 역(驛)과 원(院)이 다수 설치되었다. 아산 지역이 충청우도(忠淸右道) 서부해안 지방과 내륙을 연결하고 경기도로 진출할 수 있는 길목에 있었기 때문이다. 아산에는 예산과 평택을 연결하는 시흥도(時興道)의 중심 역인 시흥역(時興驛), 시흥도 소속의 창덕역(昌德驛), 장시역(長時驛)이 있었다. 원으로는 불장원(佛藏院), 요로원(要路院), 흥인원(興仁院), 명암원(鳴巖院), 용정원(龍頂院), 신계원(新禮院), 용두원(龍頭院), 대조원(大棗院) 등이 있었다. 아산의 역과 원은 역원제가 폐지되는 1896년까지 그 기능을 하였다.

제국주의 성공담

메이지 시대(1868~1912)는 메이지 천왕의 통치기를 지칭한다. 일본 제국의 전반기 시대이며 정치·모험소설 등이 번안되어 문화의 근대화를 이루었고 국정교과서가 만들어지고 신문이 발행되어 조선 땅에서 벌어진 청·일 전쟁(1894~1895) 전황도 일본인들이 기사로 접할 수 있었다.

일본 경제학자들은 일본의 경제적 성장 및 상업화를 과도하게 포장하는 측면이 있었다. 일본열도의 면적은 한반도보다 상당히 넓었음에도 농지면적은 약간 우위에 있을 뿐이었다. 일본의 인구도 한반도 인구보다 배 이상 많았으므로 일본은 만성적인 쌀 부족 국가였다. 17~19세기 조선과 일본의 1인당 GDP는 일본은 조선의 61% 수준이었다. 17세기 일본은 태평양 섬에 고립되어 네덜란드와 조선을 통해서 세계무역에 연결되고 있었다. 공식적인 외교사절인 통신사의 우대는 이러한 상황에서 탄생한 것이었다.

조선과 일본 간에 통신사는 왜구문제와 정치·외교적 문제를 풀기 위한 우호교린의 상징이었다. 조선시대 전 기간에 20여 차례 일본으로 통신사를 보냈고 심지어는 1596년 임진년에 시작된 전쟁 중에도 전쟁 종결, 강화교섭, 포로송환, 국정탐색, 임직에 대한 축하 등을 목적으로 통신사를 보냈다. 일본은 쌀, 콩, 목면 등 생활필수품과 불교경전 등을 원했는데 통신사는 경제적·문화적 목적성이 강했다.

세계사에 15~16세기 지리상의 발견, 대항해 등으로 서유럽 국가들이 성공담을 기록하고 있지만 유럽은 19세기에서야 비로소 공업생산력이 발달하였다. 서유럽 국가에는 제대로 된 자원이 없었다. 하여 아메리카의 금을 약탈하였고, 아프리카에서 노예를 잡아 아메리카 농장의 노예로 쓰기 위해 노예무역으로 돈을 벌었다. 이것은 19세기 중반까지 중국과 사치품 무역에서 발생하는 적자를 해소하기 위한 수단이었다. 중국의 도자기는 세계적인 명품이었다. 영국은 아편전쟁(1840) 이후에나 대중국 무역에서 흑자를 보았다. 제국주의 성공담은 모험을 시작한 15세기가 아니라, 19세기 이후였다. 제국주의자들은 자신들의 열등감을 없애기 위해 자신들의 역사를 과장되게 기록하는 경향이 있다.

정책의 실패와 농민반란

15세기에 조선과 명나라는 농업을 강조하고 상업을 억제하였다. 이것은 원나라가 동서무역의 교두보를 잃게 되면서 조정수입의 대부분이었던 교역세가 소멸되자 농민 수세가 강화되었고 농민반란으로 이어져 홍건적의 난(1351)이 일어났기 때문이었다. 높은 수입을 보장해주던 대외 의존적 개방경제가 일시에 붕괴되어 내전으로 이어진 상황이었다. 조선과 명의 유학자들은 모두 원의 경제체제를 비판했고 농업에 힘쓰고 상업을 억제하는 무본억말(務本抑末) 정책을 폈다. 대외 변수에 영향을 받지 않는 자립적인 경제구조, 일반 백성이 굶주리지 않는 산업이 농업이라 여겼다. 리더는 농업정책을 식량안보차원에서 접근해야 한다. 1972년부터 상대농지와 절대농지라는 법률상 용어가 생겨났지만 1990년 이후부터는 농업진흥지역이라는 용어를 사용하며 농지 보존 정책을 쓰는 이유기기도 하다.

아편전쟁과 일본의 개국

영국은 중국에 지불할 차(茶) 대금으로 은이 부족하자 인도산 아편을 중국에 수출하고 대금으로 은을 확보하였다. 영국과 청나라 간에 길고 긴 아편전쟁(1839~1860)이 일어났고 중국이 패함으로써 굴욕의 시대를 맞게 되었다. 영국은 전리품으로 홍콩을 차지하여 자유 무역항으로 지정하고 대중국 무역을 위한 교두보로 삼았다. 영국은 아편무역도 계속하였고 홍콩은 값싼 중국산 면화를 유럽으로 수출하는 중계무역항이자 금융 산업의 중심지로 변모하였다.

일본은 1842년 아편전쟁으로 청나라가 영국에 무너지는 것을 목격했고, 1853년 일본에 정박한 함포로 무장한 미국의 페리 전함을 보고 쇄국의 불가함을 깨닫고 개국과 강병으로 전환하였다. 또한 네덜란드 상인들을 통해 정기적으로 유럽신문을 정리한 세계정세에 대한 소식을 알게 됨으로써 정보력에서도 우위를 점하게 되었다.

빈민구휼과 사회복지

조선시대 환곡제도는 백성을 구제하는 기관인 의창(義倉)에서 관장하여 운영하였다. 봄에 농민에게 곡식을 내어주었다가 추수기에 값싼

이자를 붙여서 되돌려 받는 제도였다. 하지만 재난을 당한 사람이나 빈민은 흉년이 계속될 경우 국가에 환곡을 갚지 못하는 일들이 자주 발생하였다. 맹사성은 죽은 사람과 도망친 사람의 환곡을 일가에게 물리는 문제점을 제기하였다. 하지만 대신 징수할 친족마저 모두 사망했을 경우에만 환곡을 상환하지 않아도 되는 것으로 결정되었다. 환곡제도에 관련한 논의의 초점은 백성의 구제보다는 현실에 맞게 징수제도를 개선하는 데 있었다.

환곡제도는 가난한 백성들을 위한 사회복지정책이었다. 1431년에 함경남북도는 식량이 부족함으로 군수물자와 의창의 세를 겉껍질을 벗겨 내지 않은 곡식으로 납부하게 해달라고 조정에 요청하였다. 맹사성은 국고가 빌 것을 걱정하면서도 함경남북도는 금년 농사가 흉년이고 사신 접대로 어려움이 큼으로 의창에 바치는 것을 피곡으로 수납하도록 의견을 제시하여 관철시켰다. 리더는 전쟁보다 나은 평화를, 가난보다 나은 번영을, 주변국들로부터는 인정받는 나라가 되도록 노력해야 한다.

세종은 함경도는 여진족이 자주 왕래하고 중국 사신들에 대한 접대가 잦아 백성의 생계가 곤란하니 함경도의 환곡 감면문제를 논의하라고 하였다. 맹사성은 함경도는 토지가 척박하고 흉년이 들어 어렵지만 야인과의 접경 지역이므로 군대에 필요한 물자를 저장할 필요가 있어 쌀 2석의 세를 감해주는 방안을 제안하였다. 고불은 강원도 원주에 설치되었던 흥원창(興元倉)에서 조세를 바치는 사람들을 통제하여 함경도로 수송하게 하여 부족한 물자를 보충하자는 제안을 하였고 관철시켰다.

국가재정의 건전성 확보

1425년 세종은 파저강의 야인을 정벌한 후 평안도와 황해도 백성들의 노고를 치하하면서 환곡 상한액 감면에 대한 논의를 하게 하였다. 세종은 3석을 감해줄 것을 제안하였지만 맹사성은 감면 혜택이 초래할 국가 재정과 국방 등 현실적인 문제점을 지적하며 세종의 애민 정신과 국가재정의 건전성 유지를 절충하는 안으로 2석을 감해줄 것을 제안하였다. 국방력을 강화하기 위한 군비경쟁은 끝이 없고 소모적이고 경제를 위험한 상태로 빠뜨릴 수 있다. 국가들 간에 평화로운 공존을 위해서는 정치적 종교적 이데올로기를 뛰어넘어야 한다. 공존을 위해서는 리더들의 합의가 중요한데 좀 따분하더라도 예의 바른 합의 정치 스타일을 갖는 게 바른 리더십이다.

맹사성은 여진족을 방어하기 위한 재원을 마련하기 위해 국고의 미곡을 이전 운송하는 일은 번거로운 일임으로 해당 지역의 백성들이 직접 군사적 요충지에 조세를 납부하는 방안을 제안했고 세종은 수락하였다.

탕치와 민심 탐방

세종은 왕실 가족들과 온천욕을 위해 온수현(溫水縣)으로 행행(行幸)하였다. 온수현에 도착하여 백성들에게 곡식을 나눠주고 주민들을 초대하여 식사를 대접하였다. 마을에 행차하여 밭갈이하는 농민들에게 술과 음식도 내렸다. 아산현(牙山縣)에 사는 94세 할머니는 감자떡을

온천축제 왕실온천 재현행사

만들어 와서 세종에게 바쳤고, 세종은 답례로서 그녀에게 음식을 대접하고 무명 2필과 술 10병을 비롯하여 여러 선물을 주었다. 1개월 후에 세종이 환궁할 때 구경나온 백성들이 수만 명에 이르렀고, 천세를 연호하였다. 도성에 도착했을 때에도 광화문에 구경하는 사람만 만 명이 넘었다. 온천욕은 탕치(湯治)의 목적만이 아니라 민심을 살피고 백성들의 삶을 돌아보는 계기가 되었다. 리더는 주요 이슈에 대한 여론조사에만 의존할 것이 아니라, 바닥 민심을 잘 알고 있는 사람들이 전하는 정보를 반영해서 정책을 펼쳐야 한다.

1427년 세종은 '지방의 온천에는 목욕으로 병을 치료하려는 병사들이 많이 모이는데 양식이 떨어져 고생한다. 의창의 구제 제도에 의거해서 온양온천 옆에 곡식 200~300석을 쌓아두고 목욕하러 오는 가난한 백성들에게 나누어주는 것에 대해 논의하라'고 하명하였다. 세종은 온양에서 온천을 하고 난 뒤 질병이 나아졌으므로 온수를 온양으로 지명도 바꾸고 군으로 승격시켰다. 맹사성은 본가가 온양이었으므로 온양온천의 사정에 밝았고 백성들이 치료를 위해 온천을 많이 찾는 것을 알고 있기에 세종의 제안을 바로 시행하였다. 온천을 즐기는 민족은 우리만이 아니지만 조선의 백성들은 온천욕이 허락되었다. 온천욕은 사치스러운 일이 아니라 심신을 안정시키는 데 도움을 주었다.

부역의 의무와 정책

공익사업을 위해 백성에게 의무적으로 지우는 노역인 부역(賦役)을 어느 정도로 유지하는 것이 민생안정과 국정운영에 도움이 되는지 부역에 대한 논쟁이 일었다. 관행처럼 이어오던 10일이나 길게는 1개월 이상 백성을 동원하는 부역 제도를 조사하여 동원일수를 조정하고자 하였다. 맹사성은 국가의 수요와 백성의 부담 사이에서 균형을 유지하려고 실무적인 차원에서 여러 차례 논의를 하였다. 그러면서도 맹사성은 나라의 관직을 받은 자는 직역(職役), 관직이 없는 자는 부역(賦役), 천민에게는 신역(身役)을 부담한다는 부역의 의무는 고수하였다.

조선시대 부역 부담을 진 계층은 농민이 아니라 승려였다. 농민은 농번기를 피해서 부역에 동원되어야 했으므로 승려들이 주로 부역을 담당하고 있었다. 승려들도 부역부담을 피해서 자주 옮겨 다니는 현상이 벌어졌다. 그 빈자리는 농민들이 채워야 했다. 이에 군사관계 업무를 총괄하던 병조는 승려들이 소속된 절에서 떠나지 못하도록 조치하였고 이를 어기는 승려들을 처벌하는 방안을 마련하였다. 부역에

대한 공로로 관직을 받은 승려에 한해서는 부역을 면해주는 정책도
병행했다.

토지정책과 측량

태종은 죄인의 토지는 거두어들여 국정에 힘쓰는 관리들에게 나누
어주는 과전(科田)이 고르게 분배되고 있는지 조사할 것을 명했다. 과
전은 왕실종친과 현직관리 및 서울에서 거주하는 전직관리들에게 관
직과 관품에 따라 18등급으로 나누어 차등 있게 분배하였다. 호구, 공
납, 조세 및 국가 재정과 관련된 부분을 담당하였던 호조판서 맹사성
은 관에 신고한 자에게는 골고루 지급하였다.

세종은 관리마다 토지를 조사할 때 편차가 많은 점을 지적하고 전국
에 여러 명의 특사를 보내 토지 측량이 객관적이고 공정한지를 조사하
게 했다. 이에 맹사성은 토지 측량사를 시험으로 뽑아서 측량사들 간
에 편차를 없애기 위해서는 동일한 사람이 동일한 기준으로 1년에 1개
도씩 집중적으로 조사하여 8년간 전국을 측량해야 한다고 제안하였다.

토지세 납부세율

세종 대에 사회정책 중에서 가장 개혁적이고 근본적인 것은 공법제
도(貢法制度)의 개혁안이었다. 호조에서 마련한 최초 공법개혁안은 토
지 1결당 10두씩 징수하는 정액제였다. 하지만 토지의 비옥도와 풍년

과 흉년에 따라 세금을 차등으로 납부하는 방식에 대한 반대 의견이 있었다. 맹사성은 공법 논쟁에서 조세를 거둘 때 수확량에 따라 조세액을 조정해서 손해를 보상해줄 수 있는 기존 현장실사 중심의 손실답험(損失踏驗)법을 손질해서 공법개혁을 하자는 입장이었다. 그동안의 과전법에 따른 손실답험규정을 보면, 첫째, 손실은 농사의 상황을 10분으로 하여 손 1분에 조 1분을 감하고 손 8분이면 조 전액을 감면하였다. 둘째, 답험은 공전의 경우 해당 지방관인 수령이 심사해 감사에게 보고하면 감사가 위관을 보내 재심하고, 감사나 수령관이 3차로 직접 심사하여, 매년 풍·흉작을 조사한 뒤 세율을 정하도록 하였다. 셋째, 사전의 경우 전주가 각자 임의로 심사하였다. 과전법의 규정은 계속 수정되었고, 태종 때부터 재지사족을 손실답험의 위관으로 삼았는데, 실제로는 현지의 간리·향원 등이 위관으로 파견되어 답험을 주관했다. 그러나 답험을 맡은 향리 등의 위관들의 작폐가 매우 심했고 농민들은 답험위관을 접대하기 위해 엄청난 부담을 져야 했다.

논쟁과 표준화된 세금제도

맹사성은 공법개혁을 반대하면서 첫째, 공법이 시행될 경우 국가의 세수가 감소하여 국가 안보에 위협을 받게 될 것이라고 주장했다. 둘째, 빈부의 불균형 심화와 부자는 비옥한 토지를 소유하고, 가난한 자는 척박한 토지를 소유하고 있어 동일한 면적에서 동일한 세금을 징수한다면 가난한 사람들은 더욱 불행해질 것으로 보았다.

공법개혁안에 대해서는 찬반 논쟁이 심화되어 초기에는 의견의 일치를 보지 못했지만 세종은 1444년에 최종적으로 공법을 완성하였다. 세종은 반대 의견들을 수렴하여 풍흉에 따른 조정을 반영하되 토지의 비옥도에 따라 전답을 6등분으로 나누는 방식인 전분6등법(田分六等法)과 풍흉에 따라 해마다 조사하여 세율이 바뀌는 연분9등법(年分九等法)으로 등급별로 징수액을 정하였다.

공법의 가장 큰 핵심은 표준화된 세금 제도가 마련됨으로써 기존에 현장 관리들이 자의적으로 결정하던 세율을 조세법으로 정하였다. 공법의 골자는 세액을 10분의 1에서 20분의 1로 낮추는 것이었고, 대신 공평하고 정확하게 징수하는 것이었다. 토지를 세분화하고 낮은 등급의 토지에 대해 세금을 대폭 감면하였기 때문에 실제 백성들이 내는 세금의 양은 줄어들었고 양반이 내는 세금의 양에도 큰 변화는 없었다.

화폐의 유통정책

1425년 종이화폐에 문제점이 생기자 동전을 주조하여 동전 전용 유통정책을 실시하고자 하였다. 1430년 시장에서 한 말, 한 되 이상의 물품을 매매하는 데는 동전만을 사용하도록 명하였다. 하지만 맹사성은 백성들의 편의를 고려하여 동전이라는 화폐사용과 물물교환이라는 관행을 편리한 대로 겸용하도록 하는 방안을 제시하였다. 결국 동전 유통정책은 시장의 반발, 유통 강제에 따른 백성의 불편, 동전가 하락, 동전 주조 원료인 동의 부족 등으로 실패하였다.

맹사성은 민심에 순응하여 삼베의 오종포를 화폐로 사용할 것을 주장하였는데, 오종포를 쓰면 이권이 아래 백성에게 있게 된다고 반대하는 세력에 부딪쳤다. 세조 대에는 유사시에 화살촉으로 사용하고 평화시에는 화폐로 사용하는 유엽전을 법화로 주조해 유통시키기도 했다. 조선시대에는 하나였던 남북이 통일된 화폐를 사용하게 될 날이 올 수 있을까?

리더들과 국가 간의 합의로 만일 주변 국가들이 동일한 화폐를 사용하게 된다면 어떤 일들이 벌어질 수 있을까. 미래의 분쟁을 줄일 수 있고, 국경을 넘을 때마다 여권을 제시하거나 환전할 필요가 없게 된다. 화폐의 통합은 단순한 상징을 넘어서 국경이 개방된 통일체를 유지하는 핵심적인 열쇠이다.

세종이 면포와 금은의 매매에 대한 견해를 묻자, 맹사성은 사신단으로 가서 밀매를 못하도록 중국을 왕래하는 사람들을 정밀하게 수색과 검사를 해야겠지만 금을 사 오는 것은 허용하고 은을 사 오는 일은 정지시키는 것이 낫겠다고 하였다.

IX.

조선의 성리학과 리더의 교육관

음양오행과 성리학

　성리학은 돌멩이 같은 무생물로부터 인간에 이르기까지 모든 존재의 출현을 음양오행(陰陽五行)의 무작위적 결합의 결과로 보았다. 세상 만물은 음과 양으로 나뉘고 나무(木), 불(火), 흙(土), 쇠(金), 물(水)의 오행으로 구성되어 있다고 보았다. 서양에서 자연주의 철학자 엠페도클레스(BC 490~BC 430)가 세상의 근원이라 주장했던 물, 불, 흙, 공기와 유사점이 있다.

　적어도 이론적 차원에서 성리학자들은 인간은 본성적으로 평등하다고 전제하고 인간 간에 나타나는 차이를 우연적인 요소로 보았지만 양반들의 권위의식과 고착화된 신분질서로 인해 성리학을 통한 정치적 이상은 실현되기 어려웠다. 조선 후기에 성리학이 현실문제에 대한 해결능력을 상실하자 비로소 대안적 학문교리로 서학(천주교)과 동학이 새롭게 뿌리를 내리게 되었다.

　리더는 국민의 평범한 일상생활을 보장하여 창조적인 에너지가 넘쳐나도록 해줘야 한다. 그리고 영화 〈설국열차〉처럼 세계가 얼어붙고 희망이 닫힌 세상에서도 다음 세대들을 교육시키는 데 노력을 게을리해서는 안 된다.

왕의 학자적 면모

사후에 공덕 칭송을 위해 종묘에 신위를 모실 때 올린 세종의 정식 묘호(廟號)는 세종장헌영문예무인성명효대왕(世宗莊憲英文睿武仁聖明孝大王)이었다. 세종은 조선에서 장헌은 명나라에서 붙인 묘호이고, '영문예무인성명효'는 '학문에 영특하고 병법에 슬기로우며 인자하고 뛰어나며 명철하고 효성스러운' 의미를 담고 있다.

사가독서제(賜暇讀書制)는 젊은 문신들에게 강제로 휴가를 주어 학문에 전념하게 한 제도이다. 현재 유급 안식년의 효시로 볼 수 있다. 리더는 음악과 운동경기, 창의적인 사람들과의 만남, 주말여가 등이 필요하지만 독서 시간을 할애해야 한다. 특히 인물의 전기나 역사에 대한 지식을 쌓아야 한다. 벽돌처럼 두꺼운 책도 거부해서는 안 된다. 세종은 31세에 중풍 증세가 생겼고, 안질, 당뇨를 앓으면서도 끊임없이 공부하여 학자로서의 면모는 물론 발명가로서 훈민정음을 창제하였다.

한글창제와 반대

세종은 우리 문자의 필요성을 인식했던 가장 위대한 언어학자였다. 훈민정음(訓民正音)을 적극적으로 지지했던 언어학자로는 정인지(1396~1478), 신숙주(1417~1475), 성삼문(1418~1456), 최항(1409~1474), 박팽년(1417~1456), 이개(1417~1456), 이선로(?~1453) 등이었다. 이들은 훈민정음의 창제원리와 사용방법을 『훈민정음』을 편찬하여 설명하였다.

세종은 정음청(正音廳)을 설치하여 훈민정음 관련 사업을 전담하게 하고 관리 시험에 훈민정음을 포함시켰다.

세종은 한글 창제 작업을 공식적으로 진행할 수 없어서 훈민정음을 공표(1443)할 때까지 문자 창제에 관한 언급은 단 한마디도 하지 않았다. 세종이 일본과 중국에서 많은 언어학 관련 서적들을 수입하고 섭렵하여 언어학적 지식을 쌓은 것도 창제의 바탕이 되었다.

최만리(?~1445)는 사대와 권위를 내세우는 상소문을 통해 한글창제를 반대하였다. 첫째, 중국의 심기를 건드린다. 둘째, 한글을 쓰면 스스로 오랑캐가 된다. 셋째, 설총의 이두가 있고 학문은 우리 고유의 영역이다. 넷째, 억울한 사람을 줄일 수 있다는 논리는 맞지 않는다. 최만리는 청백리였으며 집현전에서 옛날 제도를 연구하였고 집현전 부제학을 지냈다. 당시 유학자들은 성리학을 삶의 지표로 삼아 중국을 섬기려면 한자를 써야 하고, 학문은 자신들의 고유 영역이라고 생각했다. 성리학자들에게 문자와 학문은 권력의 기반이었다.

세종의 논리와 결단력

세종의 강력한 추진의사와 학문적 논리, 언어학자로서의 권위 앞에 최만리 등은 굴복하였다. 리더의 언어는 신뢰를 줘야 한다. 꾸밈없는 언어로 커뮤니케이션을 해야 한다. 말은 조심스럽게 활용해야 할 무기다. 선동적인 언어의 수사보다는 톱밥처럼 건조한 설득이 민주주의 가치 실현에 도움이 될 수도 있다. 많은 수사적인 말보다 중요한 것은 그 말이 가져오는 결과이다. 리더는 지켜야 할 가치가 위협받을 때에는 가치 강화를 위해 과감히 결단해야 한다.

세종은 높은 학구열로 손에서 책을 놓지 않아 시력이 안 좋았지만, 훈민정음을 집현전 학자들과 함께 창제했다. 지배층들의 특권은 정보를 독점하고 글을 읽고 쓰는 것이다. 1940년『훈민정음 해례본』이 발견되면서 한글의 창제원리가 알려졌다. '세상에 모든 소리를 표현할 수 있는' 한글을 보급하기 위해『용비어천가』,『월인천강지곡』등의 책을 출간하고 정인지에게 훈민정음 해설서를 만들어 보급하게 하였다.

한글 창제원리와 관련하여 가장 설득력을 얻고 있는 것은『훈민정음』해례본에도 기록되어 있는 발음기관을 본뜬 상형설이다. 글자가 발음될 때 발음기관의 상태나 작용을 본떠 만들었다는 설명이다. 여러 설이 있지만 훈민정음은 여러 다른 언어를 참고할 수밖에 없었을 것이다. 글자 모양은 예부터 전해져오던 고대문자에서 따왔을 가능성도 배제할 수 없다. 고조선시대부터 전해져오던 글자였을지도 모른다. 한글 창제와 관련해서는 복합적인 해석이 가능하지만 당대 최고의 발명품이었다.

조선의 기초를 다진 왕

태조 이성계의 정치는 정도전에 의한 재상 중심으로 이루어졌고, 태종 이방원은 정도전을 제거하고 6조가 의정부를 거치지 않고 왕에게 직접 보고하는 6조직계제로 바꾸면서 국왕 중심의 중앙집권적 체제를 구축하였다. 세종은 태조와 태종의 정책을 참작하여 유교적 정치 운영의 원리를 구현하며 왕권과 신권의 조화를 이루고자 하였다.

세종은 6조직계제를 유지하면서 의정부와 6조의 관원들이 주요한 정책에 대해 논의하는 것을 활성화시켰고, 논의 결과를 국정에 반영하였다. 국정 토론은 유교 경전에서 그 출처와 근거를 찾고 중국과 국내의 역사적 선례를 참조하도록 하였다. 이것이 가능했던 것은 세종이 집현전을 만들어 역대 문헌을 연구하고 문풍을 바탕으로 유교적 원리에 부합하는 정책을 개발하도록 했기 때문이다. 현대판 집현전이 세계 많은 나라들에서 시도되고 있다. 캘리포니아주 스탠퍼드대는 융합형 인재양성을 목표로 디자인스쿨(Design School)을 운영하고 있다. 디자인 스쿨은 경영대, 의과대, 공과대, 사회대 등 7개 전공이 협력하는 융합 학제로 인간 중심의 문제 해결 능력을 기르는 것을 목표로 한다. 현대사회가 요구하는 인재상은 자기관리 역량, 지식정보 처리역량, 창의적 사고 역량, 심미적 감성 역량, 의사소통 역량, 공동체 역량을 두루 갖춘 창의 융합형이다.

학술진흥의 총본산

집현전은 1420년 박은(1370~1422)의 건의에 의해 설치되었고 변계량, 신숙주, 정인지, 성삼문, 최항 등을 등용하여 정치 자문, 왕실 교육, 서적 편찬 등을 맡아 보도록 하여 학술 진흥의 총본산의 역할을 수행하였다. 집현전의 최고위직인 영집현전사(領集賢殿事)는 정승(영의정·좌의정·우의정)들이 겸직하였으며, 의정부는 왕조의 학술은 물론 정치운영을 총괄하는 역할을 담당하였다.

인재가 학문이라는 나무에 열리는 열매라면 그 나무가 심겨져 있는 밭이 집현전이었다. 집현전 제도는 중국의 한나라에서 처음 설치되었고 당나라 때 학문적인 기관으로 성장하였다. 우리나라에는 삼국시대에 도입되어 명칭으로 남아 있다가 조선 세종 대에 집현전이 확대 개편되었다. 세종은 노소에 관계없이 당대 최고의 석학들을 집현전 관리로 등용하였다. 집현전 관리들은 다른 관원보다 일찍 출근하고 늦게 퇴근하며 오직 공부에만 열중해야 했고 시작(詩作)과 강의, 서적편찬을 통해 성과를 보여야 인정받을 수 있었다.

서거정(1420~1488)의 『필원잡기』에 "(세종이) 밤 2시경 내시를 시켜 숙직하는 선비들이 무엇을 하는지 엿보게 했는데, 신숙주가 촛불을 켜놓고 글을 읽고 있다가 닭이 울자 비로소 취침하였다. (세종은 내시에게) 잠들 때까지 기다렸다가 돈피갖옷을 벗어 깊이 덮어주라고 했다. 신숙주가 아침에 일어나 이 일을 알게 되었고, 선비들이 이 소문을 듣고 더욱 학문에 힘을 쏟았다."고 적혀 있다. 세종이 말년에 궁궐 안에 불당을 지었는데 집현전 학사들이 그 부당함을 간했으나 듣지 않자, 학사들은 모두 집현전으로 출근하지 않았다. 결국 황희가 일일이 학사들을 찾아가서 달래어 돌아오게 하였다.

세종대에서는 집현전이 활발한 활동을 보였으나 1456년 집현전 출신자들이 단종 복위를 도모하는 사태가 벌어지자 세조는 집현전을 혁파해버렸다.

하늘이 내린 문재

변계량은 4세에 고시(古詩)를 줄줄 외웠고, 6세에 시를 짓고, 14세에 진사 시험에 합격하였으며 16세에 생원시에 합격하고 17세에 문과에 급제한 제목이었다. 그는 세종 대에 학문적 기반을 닦는 데 중추적인 역할을 하였고 집현전에 근무하며 외교문서 작성을 전담하였다. 변계량은 당하관 이하 문무관을 대상으로 10년마다 치루는 과거시험인 중시(重試)에서 1등을 하여 포상으로 밭 20결, 즉 농지 6만 6천여 평을 받아 하루아침에 부자가 되었다.

변계량은 세자 양녕을 가르치는 세자시강원(世子侍講院)이 되어 출세가도를 보장받았고, 정2품의 예문관 대제학에 올라 예문관의 수장이 되었다. 변계량은 왕과 조정에서는 신뢰를 받고 있었지만 아내한테는 모질게 대했다. 첫 부인은 쫓아냈고, 둘째 부인은 일찍 죽었고, 셋째 부인은 방에 가두어 억압했다. 태종은 집안일로 인한 그의 추함은 대수롭지 않게 생각하고, 그의 뛰어난 문장만을 높이 샀다.

변계량은 비록 사생활 때문에 조롱을 받았지만 학자로서는 당대 최고였다. 당시 집현전에서 공부하던 관리들 대부분이 변계량의 지도를 받았다. 세종에게 정치와 역사를 가르쳤고 병력을 움직이는 원리인 진법을 강의했다. 성격은 괴팍했지만 하늘이 내린 문재였던 변계량은 62세의 일기로 죽었다.

아내의 내조로 성공한 리더

아내의 도움으로 재개에 성공한 리더들의 예는 수없이 많다. 1921년 프랭클린 루스벨트는 몸에 마비증상이 생겼고 척수성 소아마비라는 결과와 다시는 두 다리를 사용하지 못할 것이라는 의사들의 진단도 있

프랭클린 루스벨트와 엘리너
[출처: 서울신문]

었다. 그는 두려움, 불안감, 우울증도 있었지만 낙관적인 기질로 정서와 신체회복을 위해 지속적으로 노력한 끝에 공적인 삶으로 복귀할 수 있었다. 살인적인 운동을 견디어 내는 과정을 겪었고 그가 발가락을 움직였을 때 루스벨트 가족은 큰 잔치를 벌이며 행복과 기쁨을 함께 나누었다.

프랭클린은 요양하며 회복하던 7년 동안 뜻을 같이할 보좌진을 조직했다. 부인 엘리너는 정치적인 행사에 남편 대리인으로 참석했고 연설을 배워 나중에는 뛰어난 연사로 인정받았다. 엘리너는 루스벨트가 반드시 만나야 할 사람을 만나지 않으면 그녀의 이름으로 그 사람을 저녁식사에 초대했다. 루스벨트는 장애를 딛고 미국 제32대 대통령에 취임했고 4선을 지냈다.

학행이 뛰어난 학자

이수(1374~1430)는 1396년 생원 시험에 일 등으로 합격했지만, 대과에 여러 번 낙방하여 벼슬길에 못 나오고 있었다. 태종은 학행이 뛰어나다는 소문을 듣고 35세였던 이수를 한양으로 불러 효령(13세)과 충녕(12세)을 가르치게 했다. 태종은 두 왕자를 가르치는 이수에게 직접 옷을 하사하고 8품직인 종묘의 주부 벼슬을 내렸다.

세종이 왕위에 올랐고 이수는 일약 정3품의 당상관에 오르며 경연관이 되었고 45세에 장가를 들었다. 이수는 고향으로 금의환향하여 임금의 스승이라고 교만하게 굴었고 관기를 거느리다 많은 사람들로부터 조롱을 받기도 하였다. 나중에는 마음을 잡고 관직에 충실하여 세종은 그에게 군권을 쥔 중군도총제(中軍都摠制) 자리를 주었다. 이수는 평소에 술을 많이 마셨고 말을 타다가 낙마하여 57세에 세상을 떠났다.

토론과 의견조율

세종은 늘 윤회(1380~1436)에게 술 좀 줄이라고 당부했다. 윤회가 여행을 하다가 여인숙을 찾아들었지만 주인은 유숙을 허락하지 않았다. 그때 주인의 아들이 커다란 진주를 가지고 놀다가 떨어뜨렸는데 그 옆에 있던 흰 거위가 그 진주를 먹어버렸다. 도둑으로 몰린 윤회는 관아로 끌려갔고, 윤회는 "저 거위도 내 곁에 매어주시오."라고 부탁했다. 다음날 거위가 똥을 누자 진주가 그 속에 있었다. 윤회는 "거위가 죽을까 염려되어 모욕을 참으며 기다렸소."라고 태연하게 말을 남길 정도로 느긋하고 헤아림이 깊은 인물이었다.

윤회는 세종 대에 중국에서 온 사신을 접대하는 일을 하였고 상왕인 태종과 세종 사이를 오가며 의견을 조율했으며 경연에 참여하여 학문을 강의하고 정치토론을 이끄는 역할을 했다. 리더에게 요구되는 자질 중에 토론리더십은 필수항목이다. 토론은 최선의 해결방안을 찾게 하고 자신의 주장을 상대에게 정확히 전달할 수 있는 합리적 수단이다. 링컨은 노예제도와 관련한 법안에 대해 의견을 피력하기 위해 도서관에 파묻혀 연방 헌법이 제정되던 당시 노예제도에 대한 토론과 쟁점을 논리적이고 체계적으로 조사하고 분석했다. 그리고 이해하기 쉽게 정리하여 자신의 논리로 토론을 이끌어 주장을 관철시켰다.

학문과 과학의 발전

세종의 정책을 지지하며 묵묵히 소임을 다한 인물은 정인지(1396~1478)였다. 정인지는 역사, 천문학, 언어학, 경학 등에 두루 통달하여 학문의 보폭이 넓었다. 정인지는 집현전의 탄생과 종말을 경험한 유일한 인물이었다. 정인지가 실질적 책임자인 집현전 부제학으로 있을 때부터 집현전의 기능은 대폭 확대되었고 관원수도 16명에서 32명으로 늘었다. 집현전에서 다루는 학문의 범위는 통치 이념의 근간이 되는 경학은 물론이고, 역사학, 천문학, 기술과학, 농학, 약학, 법학, 언어학 등 당시의 모든 학문을 연구했다.

1433년에 정인지는 정초, 이천 등과 함께 혼천의를 제작하여 세종에게 올렸다. 정인지는 세종의 충복이 되어 세종이 벌였던 학문사업과 과학 발전에 도움을 주었고 음운학에도 밝았다. 47세에 정인지는 예문관 대제학에 올랐는데, 예문관 대제학은 국가의 학문정책을 책임지는 위치였으므로 훈민정음의 반포 여부에 크게 영향력을 미치는 자리였다. 정인지는『훈민정음』해례본의 서문을 썼다. 정인지는 세종의 훈민정음 창제 의도를 정확하게 간파하였고, 언어의 자주성에 대한 개념도 분명히 했다. 소리와 말이 일치해야 백성이 편안해질 수 있으며 억울한 일도 줄어든다는 가치관도 세종과 일치했다.

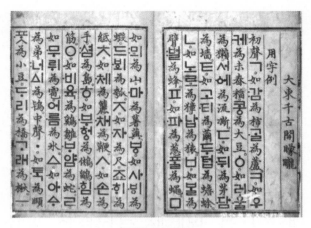

훈민정음 해례본

정인지는 계유정난에서 수양대군 편에 섰고 정변에 조력한 공로로
좌의정에 발탁되었으며 수양대군의 두터운 신임을 얻으며 학자의 길
에서 권력가의 길로 들어섰다. 정인지는 노년에 재물을 탐하여 삼로(三
老)에는 선정되지 못했지만 83세까지 살았다. 충효인의예지신(忠孝仁義
禮智信)의 유교적 가치관은 조선의 개국과 함께 제왕 중심으로 변질된
측면들이 있었다. 윗사람의 가치관에만 얽매이는 삶은 충(忠)이 아니
며 독식하지 않는 것도 리더의 중요한 자질이다.

이론에 밝은 대가

이긍익(1736~1806)의 『연려실기술』에 따르면 정초(?~1434)는 어떤
서적이든 한 번 보면 당장 외워버리는 수재였다. 청년시절에 그는 어

떤 스님이 『금강경』을 읽는 것을 보고 "그 경전을 한 번 보고 외울 수 있을 것 같소이다." 하고는 한 번 읽고는 물 흐르듯이 외워 버렸다고 한다. 정초는 장영실에게 시계 제작에 대한 이론을 전수하고 물시계 작업을 주관하였다. 정초는 실용 농서인 『농사직설』의 편찬을 주도하여 곡식 재배와 수리, 기상, 지세 등의 환경 조건과 농민들의 경험담까지 상세히 기술하였다.

책은 각도의 감사와 주, 부, 현 및 장안의 2품 이상 관리들에게 배부되었다. 정초는 서문에서 "풍토가 다르면 농사법도 달라야 한다."고 적었으며, 조선 후기 실학자들에게 막대한 영향을 끼쳤다. 정초는 혼천의를 올리고 죽음을 맞이했는데 병상에서도 연구를 게을리하지 않았다.

이순지(?~1465)는 천문학의 대가로서 칠정(七政)의 움직임을 파악하는 데 중점을 두었는데 이를 위한 계산법이 역산(逆算)이다. 이순지는

칠정산
[출처: 서울대 규장각]

역산의 대가였다. 이순지가 모친상을 당했을 때 세종은 역산에 큰 차질이 생긴다고 판단하여 상복을 벗고 관직에 나오도록 하였지만 이순지는 상이 끝날 때까지 출사하지 않았다. 이순지는 천문, 역법서인 『제가역상집』을 편찬하였다. 리더는 추상적이고 창의적인 사고를 가진 인재들을 발굴하고 예산을 지원해야한다.

리더의 관심 영역

만 원권 뒷면 배경에는 별자리가 그려진 천문도가 있으며, 그 앞에는 천체의 운행과 위치를 측정하는 '혼천의'가 있다. 세종은 신분상 천민이었던 장영실(1390~1450)에게 정5품의 상의원 별좌를 내리고 자격루, 앙부일구 등을 만들게 하여 과학기구 발명에 관심을 보였다. 장영실은 조선의 갈릴레오였다. 세종은 중국 북경 기준이 아닌 서울을 중심으로 만든 칠정산(일곱 개의 별을 계산하는 달력)을 만들게 했다. 이때 이론을 구축하고 작업을 지휘한 사람이 정초였다.

세종은 천문학에 관심을 갖고 지구 주변의 5성인 수성, 금성, 화성, 목성, 토성의 운행과 혜성과 유성 등의 출현을 관찰하고 기록하게 했다. 서운관에는 정3품의 판사 휘하에 80여 명이 포진하였고, 그들은 태양시와 항성시를 측정하는 주야 시계인 일성정시의(日星定時儀)를 만들어냈다. 원래 낮 시간은 해시계로 측정하지만 밤 시간은 별을 기준으로 맞추는 것이 당시 과학이었다. 군대를 움직이는 시간을 정할 때 유용했으므로 휴대용으로도 만들어졌고 시간은 군사를 운용하는 데에도 중요했지만 농경사회에서 백성들의 삶에 큰 영향을 미쳤음으로 값진 성과였다.

리더의 학문 관심 영역이 학자들에게도 중요하지만 진정 학자들은 학문의 자유를 원한다. 사회주의에서 과학은 비교적 사상검증에서 자유로워서 안전한 영역이다. 기본적인 연산과 자연법칙까지도 검열을 하지 않기 때문이다. 급격히 변화하는 세상에서 표현과 연구를 제약하는 검열을 거쳐야 하는 상황이라면 학문연구는 침체될 것이다.

학문진흥책과 문무균형

중요한 언로(言路)의 하나로 문무백관에서 평민에 이르기까지 폭넓게 운영되었던 상소제도를 이용하여 맹사성은 세종에게 학문진흥책을 건의했다. 상소문을 접한 세종은 학문을 진흥시킬 방안에 대하여 충분히 논의하라고 명하였다. 맹사성은 조정에서 일하는 신하들의 바른 계통을 이어받은 자손을 모두 성균관에 입학시켜 학문이 우수한 자에게는 벼슬을 내리도록 제안했다. 나라에 공을 세운 신하나 지위가 높은 관리의 자손들도 성균관에 입학시켜 경서를 연구하고 예와 도를 배우도록 제안했다.

맹사성은 왕이 무과시험 급제자에게 자루가 긴 큰 양산을 내려 잔치를 베풀고 삼일 간 거리 퍼레이드를 허용하는 제도의 폐단을 문제 삼았다. 문무가 균형을 이뤄야 하는데 무과에 대한 지나친 선호로 양반 자제들이 경서읽기를 기피하고 있음으로 무과시험에도 사서와 예악 시험을 치르도록 제안하였다. 박은도 "문과는 어렵고, 무과는 쉬운 관계로 관리 집안의 젊은이들이 무과로 몰리고 있습니다. 이제부터 무과에 응시할 때에도 사서를 통달한 후 볼 수 있도록 제도를 마련해주십시오."라고 제안했다. 이에 세종은 맹사성과 박은의 제의를 받아들였다.

학문진작을 위한 건의

2품 이상의 고위 관리들은 봄과 가을 두 차례에 걸쳐 성균관에 모여 경전 및 글짓기 평가 시험을 치르도록 맹사성은 세종에게 건의하였다. 고불은 6개월 간격으로 문신들에게 주제를 주고 글을 쓰게 하고 석차를 매겨 게시하여 선비들의 사기도 올려주어 관료사회에 학문의 풍토를 조성하자고 건의하였다. 성균관에 입학할 자격을 부여하는 소과에 합격한 생원들을 성균관에 입학하도록 유도하고 그들에게 관직 진출의 통로도 열어주어 학문을 계속하도록 격려해야 한다고 건의했다. 맹사성은 지방에 감사와 수령들은 학문을 권장해야 하며, 경서에 통달한 교수나 학문을 좋아하는 선비들을 선발하고 경비는 국가가 부담하여 한 달 보름 정도의 춘추 특별 강습회를 개최하여 학문을 진작시킬 것을 건의했다.

맹사성은 집현전이 건의하는 정책 개혁안을 심의하는 역할도 담당하였다. 집현전 부제학 정인지는 인재 육성과 학문진흥을 위해 폐지됐던 문서관리와 경전 강론을 담당하는 수문전(修文殿)과 경연과 책을 보관하는 기능을 맡았던 보문각(寶文閣)을 복구시키고 인원을 배치해줄 것을 요구하였고, 맹사성도 찬성하였다.

2품 이상의 문신이 집현전 당상을 겸하게 하여 경연을 담당하도록 하자는 집현전의 의견에 맹사성은 반대하였다. 고불은 집현전 당상이

요직을 장악하고 경연을 주관함으로써 국정을 좌우하는 권력기관으로 변질되는 것을 우려하였다. 맹사성은 집현전의 역할을 학문의 연구, 외교문서 작성, 유학진흥이라고 생각했다. 리더는 권력의 쏠림을 막고 조직의 역할을 명문화하여 독단으로 흐르지 않도록 조직과 인사관리를 해야 한다.

역사의 사실적 기록

세종은 정도전이 편집하였던『고려사』에서 마음에 거슬리는 역사기록들이 보이자 변계량에게『고려사』편찬 책임을 맡겼다. 하지만 변계량은 세종의 편찬지시를 잘 따르지 않았다. 그럼에도 사관제도 때문에 세종은 편찬에 대한 불만을 더 이상 표출하지 못했다. 세종은 맹사성에게 역사기록을 연대순으로 엮는 편년체(編年體)와 저자의 사관에 따라 중요 사건들을 선정하여 큰 글씨로 쓰고, 그 아래에 내용을 적는 방식인 강목체(綱目體) 중에서 어떤 방식으로『고려사』를 편찬해야 하는지를 물었다. 맹사성은 편년체로 서술하여 역사적 사실들을 빠짐없이 충실하게 기록해야 한다는 입장에서 논의를 주도하였다.

변계량은『태종실록』의 감수와 편찬 책임을 맡고 있었고, 편찬은 집 근처에 있는 흥덕사(興德寺)에서 하였다. 편찬 책임자였던 변계량이 죽자 맹사성이 편찬과 감수책임을 맡게 되었고 편찬소도 의정부(議政府)로 옮겼다. 세종은 변계량이 자신의 의견을 반영하지 않았고 특정한 인물에게 불리한 사실들을 고의로 빼버린다고 공정성의 문제를 거론하였다. 고불은 역사 기록에 객관성을 유지하면서 1431년『태종실록』

36권을 완성하였고, 부록에는 편수관의 총책임자로서 자신의 이름을 올렸다.

세종은 "태종이 태조의 실록을 보고자 하였으나 변계량이 보지 않는 것이 좋겠다고 하여 보지 않으셨는데 이제 춘추관에서 『태종실록』 편찬을 마쳤으니, 내가 이를 한번 보려고 하는데 어떠한가?"라고 맹사성에게 물었다. 고불은 "전하께서 만일 보시게 된다면 후세의 임금이 반드시 이를 본받아서 고칠 것이며, 사관도 군왕이 볼 것을 의심하여 사실들을 다 기록하지 않을 것이니 어찌 후세에 그 진실을 전하겠습니까?"라며 반대의사를 표하여 실록편찬의 기본적 원칙을 지켰다. 결국 세종은 『태종실록』을 읽지 못했다.

실록 편찬은 매일 사관들이 당시의 역사적 사실을 기록해 보관한 사초(史草)들이 토대가 되었다. 그 사초의 관리는 왕조에서 매우 중시했고 분실하게 될 경우 금고형과 은으로 배상하는 엄벌이 내려졌다. 세종은 금고형은 과하다고 생각하여 면제하고 은 20냥을 징수토록 하였다. 편전에서 열리는 모든 회의는 속기되고 기록으로 보관되었다. 훗날 기록유산의 가치와 역사적 평가를 염두에 두고 행동으로 실천하는 리더는 역사의 주인공이 될 수 있다.

지리지와 족보 편찬

변계량은 각종 공적 자료들을 각 지역에서 수집하여 『신찬팔도지리지』 집필을 진행하였고, 그가 사망하자 맹사성이 이어받아 완성하여 1432년에 세종에게 바쳤다. 이 지리서는 조선의 각종 지리지의 기초가 되었다. 리더는 국가를 효율적으로 경영하고 백성들의 삶을 제대로 이해하기 위해서는 나라를 속속들이 알아야 한다. 지역파악이 되어야 과거로부터 이어온 전통과 공간에 대한 이해가 가능해지며 지역균형발전은 물론 외세의 침입에 대해 방비도 할 수 있다.

맹사성은 왕실의 정통성을 위해 왕실의 족보를 체계적으로 정리하는 일도 맡았다. 족보에는 왕의 친인척에 관한 인적사항이 기록되었다. 족보를 만드는 이유는 왕위 계승분쟁을 막기 위한 것이기도 했다. 숙종 대에 만들어진 『선원계보기략』에는 여성들에 대한 방대한 양이 기록되었다. 과거에 가풍과 가문의 권위는 족보의 유무로 입증되었다. 임진왜란 이후 양반들은 약해진 권한을 회복하기 위해 예학과 족보학에 관심을 두었다. 진정한 리더라면 가문의 체면을 살리기보다는 나라의 체통을 살리는 일에 힘을 썼어야 했는데 7년간의 임진왜란이 끝나고 40여 년 후에 병자호란으로 국가는 또다시 전란에 휘말렸다.

왕실 자녀의 교육법

세자는 성균관 입학례를 치렀지만 실제로 성균관에 등교하지는 않았다. 8세에 세자에 책봉되고 입학례를 행하는 것은 옛날부터 내려오는 전통이었고 이것은 음양의 성장론에 따른 것이었다. 음양학(陰陽學)에 의하면 남자는 8년을 주기로 크게 성장하고 여자는 7년을 주기로 성장한다고 보았다. 남자는 8세면 성에 눈을 뜨고, 16세가 되면 아이를 낳을 수 있고, 24세면 성장이 완성된다고 보았다. 32세부터 주름살이 생기고, 40세면 흰머리가 나고, 48세는 노년의 시작으로 보았다. 여자는 7세 때 성에 눈을 뜨고, 14세면 가임능력을 갖고, 21세면 성장이 멈춘다고 보았다. 28세에 가임의 절정기를 맞으며, 35세에 늙기 시작하여, 42세면 흰머리가 나오고, 49세에 폐경기에 이른다고 보았다. 남녀칠세부동석(男女七歲不同席)이란 말은 음양학에 근거한 말이었다.

맹사성은 황희와 함께 왕세자 교육도 총괄하였다. 우의정이었던 맹사성은 세자의 교육을 담당하던 세자시강원 소속의 정1품의 관직을 겸직하면서 세종의 맏아들인 문종(재위 1450~1452)의 스승이 되었다. 맹사성은 14세의 왕세자도 아침에 중신과 시종신이 편전에서 임금에게 업무를 보고하는 일에 참여시킬 것을 건의하였다. 맹사성은 경전 중심의 공부 외에 제왕의 정치를 현장에서 견습하는 체험 학습의 필요성을 인정했다. 리더는 젊은이들에게 좋은 통찰과 변화의 동기를 부여할 상황들을 자주 접하게 하는 것이 중요하다.

세자 신분이었던 문종이 15세에 고대 중국의 정치를 기록한 유교경전인 『서경(書經)』의 읽기를 마치자, 다음 단계로 여러 사람의 주석을 한데 모은 책인 『집주(集注)』를 읽게 하였다. 그렇지만 학습방식을 두고 맹사성과 변계량은 의견이 갈렸다. 세종은 맹사성이 건의한 매일 10장 분량을 3회씩 읽는 방법을 선택했다. 우리의 삶은 따분하리만치 똑같은 얘기들이 반복되는 상황의 연속이지만 리더는 그런 지루하고 따분한 일들도 견뎌내면서 깊은 통찰을 얻어야 한다.

군사 지휘관으로서 견문을 넓혀주기 위해 왕세자를 군사교육의 일환인 수렵대회에 참여시킬 것인가에 대한 논의가 있었다. 왕이 밖에 나가 있을 때 유사시를 대비하여 왕세자는 궁궐 안에 남아있어야 한다는 논리를 내세우는 신료들도 있었지만 세종은 고불의 청을 받아들여 18세가 된 세자를 강무에 참여시키기로 결정하였다. 리더는 리허설이

잘된 오케스트라 지휘자의 역량을 갖춰야 한다.

학습의욕 고취

세종은 경전에 토(吐)를 달아서 지방에 있는 선비들도 쉽게 읽히게 하여 유학교육을 조선식으로 토착화시키고 대중화시키고자 하였다. 그러나 맹사성의 생각은 달랐다. 경전교육은 누군가가 쉽게 설명해 준다고 이뤄지는 것이 아니라 배우는 자가 스스로 열정적으로 탐구할 때 비로소 이루어진다고 생각하여 토를 다는 것을 반대하였다. 변계량과 권근도 능력이 없기 때문에 토를 다는 일을 할 수 없다고 사양했다. 리더의 야망을 키우는 건 남다른 열정과 탐구심이다. 링컨은 7세에 읽기와 쓰기를 배웠다.

세종은 공자를 모시는 사당에 참배하고 성균관을 시찰하고 난 다음에 그 자리에서 공무원 임용 자격을 결정하는 시험을 보면 어떻겠냐고 의견을 물었다. 맹사성은 성균관에서 실시하는 고시는 유생들의 학습 의욕을 고취시켜 교육 진흥에 기여하는 것이라고 판단하여 세종과 같은 견해였다. 교육의 가치는 소중하다. 리더는 근면성과 학구열을 불러일으켜 끊임없는 노력과 자기계발을 위한 학습 환경을 만들어 주어야 한다.

X.

전통예법과 문화예술 향유권

현실을 고려한 정책

조선의 국호는 고조선의 부활과 관련이 깊다. 조선의 학자들은 단군을 요(堯)임금과 동시대 인물로 비교했다. 조선이 중국과 대등하고 독자적인 천하관(天下觀)을 지닌 문화국가임을 강조한 것이다. 중세 시대는 정치, 경제, 사회, 문화 등 삶의 모든 영역에서 영향을 끼친 이슬람 제국과 역사상 가장 넓은 영토의 주인이었던 몽골제국이 동서세계를 양분하고 있었고 두 거대 제국은 선진문화를 상호교류하고 있었다. 그러한 국제정세 속에서 고려와 조선은 객관적 인식하에 독자적인 천하관을 갖고 있었다.

세종은 무속신앙이나 사주팔자 등을 믿지 않았고, 소원(所願)에서 서원(誓願), 행원(行願)으로 성숙하는 과정은 없고, 자기 성찰이 없으며 소원에만 머물러있던 불교의 기복적인 신앙에 대해서 신뢰하지 않았다. 다만 세종은 백성들이 불교와 무속, 명리학, 음양사상 등에 의존하여 정신적 안정을 얻는 현실을 부정하지 않고 받아들였다. 리더는 자신의 신념을 지키고 자신의 이상을 펼치되 현실파악이 우선이다. 현실감 있는 리더는 타인과 함께하는 삶을 공감하며 행복을 느낀다.

세종은 태양이 달에 의해 가려지는 일식(日蝕)을 자연현상으로 이해했지만, 하늘의 조화라고 믿는 백성들의 마음을 안정시켜주기 위해서 기우제(祈雨祭), 기청제(祈晴祭), 산신제(山神祭), 수륙제(水陸祭) 등의 제사를 지내도록 하였다. 무당들은 사형당한 문무재상들의 이름을 종이에 써서 장대 끝에 달고 '두박신(豆朴神)'이라 불렀다. 죽어 엎어져 한이 많은 귀신을 일컫는 말로써 세종은 무당을 모두 없애버릴 생각도 하였지만 민간의 풍습을 없앨 수는 없었다. 리더는 백성으로부터 마음을 얻는 기술을 연마해야 한다. 리더십의 필수적인 기술은 설득하기, 격려하기, 납득시키기 등 많지만 무엇보다 백성의 마음을 '이해하는 것'이 중요하다.

왕실의 권위와 백성 교화

조선은 오례(五禮)에 관한 규범인 『오례의(五禮儀)』에 의해 국가 행사를 치렀는데 가장 중요한 요소가 음악이었다. 박연(1378~1458)은 충청도 영동에서 태어났다. 성현(1439~1504)은 『용재총화』에서 "박연은 청년시절 피리를 잘 불었고 광대를 스승으로 모신 지 한 달 만에 스승을 능가해버렸다. 거문고와 비파 등 모든 악기를 섭렵하였다."고 하였다. 박연은 음악에 몰두한 나머지 28세 늦은 나이에 생원시에 합격하였고, 40세에 대과에 급제하였다. 박연은 불완전한 악기를 조율하였고 악보를 편찬하였다. 음을 정리하기 위해서는 돌로 된 타악기인 편경(編磬)의 음을 정확히 잡아내야 했다. 세종은 박연이 만든 편경의 소리를 듣고 조율이 잘 안된 부분을 지적할 정도로 절대음감의 소유자였다.

박연은 조선 음악체계를 정립하기 위해 힘썼다. 그는 중국음악인 아악(雅樂)의 부흥과 악기제작 그리고 우리 음악인 향악(鄕樂)창작 등의 업적을 냈다. 박연은 민간에만 남아 있던 향악을 궁중음악으로 끌어들

난계 국악박물관
[출처: 영동군청]

여 민족 음악의 기틀을 다졌다. 박연은 81세까지도 음악에 관한 업무를 보았다. 문종과 세조도 그의 탁월한 음악적 재능을 높이 평가하였다. 박연의 아들은 단종 복위 사건에 연루되어 죽었지만 박연은 음률에 대한 공적을 인정받아 연좌되지 않고 살아남았다.

일제강점기에 일본은 민족 말살주의 정책으로 궁중 음악양식의 변화를 꾀하였다. 제한제국의 황실이 일본천황의 친족 수준으로 격하되면서 궁중연향(宮中宴享)이나 연례악(宴禮樂)은 격에 맞지 않는다는 이유였다. 나치 정권이 음악에 게르만 민족의 우수성과 정신이 담겨 있다고 바그너(R. Wagner, 1813~1883) 음악을 선전도구로 삼았을 정도로 음악은 민족의 흥취와 신명에 크게 영향을 미쳤다.

사법 위에 예법

세종은 예의를 통해 개개인의 도덕성을 회복시키고자 하였다. 신유학을 건국이념으로 삼은 조선은 당연히 예법이 사법보다 상위에 있었다. 세종은 임금과 신하, 아버지와 자식, 남편과 아내에게 귀감이 될 만한 충신, 효자, 열녀의 이야기를 뽑아『삼강행실도』를 만들어 배포하게 하였다. 변계량은『효행록』을 널리 배포하여 백성들이 효성과 우애, 예법과 의리를 알도록 하자고 제안하였다. 세종은『효행록』을 배포해도 글을 모르는 사람이 많아 효과가 없을 것으로 보고 그림으로 효행을 가르치라고 명하였다.

1434년에 안견, 최경, 안기생 등 당대의 뛰어난 화가들이『삼강행실도』를 그려 배포하였다.『삼강행실도』는 효자도, 충신도, 열녀도 등 3부작으로 이뤄졌으며, 효자도에는 순임금을 비롯하여 역대 효자 110명, 충신도에는 112명의 충신을, 열녀도에는 94명의 열녀를 소개하고 있다. 세종은 유교적 토대에서 추진할 정책들의 방향을 잡아주었다. 기독교, 유대교, 이슬람교를 국교로 삼는 국가들도 종교 창시자들이 채택한 율법을 토대로 국가 운영철학을 내걸었지만 영토확장과 존재를 과시하기 위해 침략을 일삼은 일은 비일비재했다.

예와 악은 통치수단

태종은 맹사성을 3년간 충주목사로 보냈지만 예조의 건의를 받아들여 송나라에서 전래된 전통 궁중음악인 아악을 정비하는 작업을 하게 했다. 태종이 맹사성을 지방으로 발령하자 영의정 하륜은 "오직 맹사성만이 악보에 밝아 오음(五音)을 잘 어울리게 합니다. 지금 감사로 임명되어 장차 황해도로 가게 되었는데, 원컨대 보내지 마시고 악공(樂工)을 가르치게 하소서."라고 청했다.

1411년 태종이 조대림 사건의 죄를 물어 맹사성을 유배 보내고 3년 뒤에 복권시킨 후에도 지방으로 발령을 내려고 하자, 의례를 담당하던 예조에서 고불은 음악에 정통한 인물이기 때문에 지방관으로 보내지 말 것을 건의하였다. 예조의 산하기관인 관습도감(慣習都監)은 관현의 반주를 맡고 있는 악인과 가무를 맡고 있는 기녀들의 음악교육을 담당하고 있었는데, 영의정 하륜은 그곳에 맹사성을 추천하였다. 조선시대는 예(禮)와 악(樂)을 중시했고, 음악을 통치수단의 하나로 인식하여 음악을 담당하는 별도부서를 두었다.

연회의 연출과 기획

1416년 맹사성은 음악과 의례를 관장하는 예조판서에 임명되었다. 고불은 성균관에 공자의 위패를 모신 대성전에서 제사를 지내고 활을 쏘는 의식을 연구하여 그림을 그리고 글을 지어 태종에게 올렸다. 세종이 왕위를 이어받은 뒤에 왕실은 자주 연회를 열었다. 연회의 연출 기획을 맡은 맹사성은 상왕인 태종과 왕대비의 덕행을 찬미하는 가사를 짓고 음악을 연주하였다.

맹사성은 작곡가 겸 지휘자의 역할을 수행하였고 변계량이 지은 상왕 찬미가사에 아름다운 곡을 붙여 연주를 잘한 공로로 말 한 마리를

황실잔치 재현
[출처: 국립국악원]

선물로 받았다. 맹사성은 고려시대 이래 전해져 오던 노래 중에서 가
사가 음탕한 노래들을 배격하고 유교사상에 부합하는 가사와 음악을
새롭게 만들었다. 세종은 종묘제례악으로 사용할 곡으로 생전에 조상
들이 듣던 음악을 쓰는 것이 좋겠다는 입장이었고, 맹사성은 『시경』을
인용하며 향악과 아악을 함께 섞어 연주하는 것이 오래된 전통이며,
향악이 종묘제례악에서 조상을 위해 연주하는 음악으로 합당하다는
견해를 밝혔다.

  맹사성은 중국의 음악을 받아들이되 중국 입장에서 조선을 폄훼하
는 내용은 과감하게 바꾸었다. 세종은 맹사성이 관습도감 제조를 지내
며 정악을 조율하고 악공들에게 새로 지은 곡을 가르친 점을 높이 평가
하여 칭찬을 아끼지 않았고 음악과 관련된 문제가 발생하면 고불을 불
러서 의문점을 해소하였다. 세종은 중국 사신을 접대하는 데 아악만을

써야 한다는 의견에 반대하며 향악을 존속시켜서 조선의 전통예술로 발전시켜 나가야 한다는 입장이었다. 맹사성도 세종의 생각대로 중국 사신에게 중국 음악만이 아니라 조선의 음악 세계를 보여주어 조선의 문화적 독자성과 자주성을 과시하고자 하였다.

업적찬양과 악기제조

맹사성은 태조와 태종의 업적을 찬양하는 문덕(文德)과 무덕(武德)을 노래할 수 있는 근거를 유교경전인 『시경』에서 찾았다. 고불은 태조와 태종의 문덕을 기리는 문무(文舞)를 먼저하고 태조와 태종의 무덕을 기리는 문무를 다음에 하는 것으로 정리하였다.

세종이 금 6면, 슬 6면의 악가배치가 적절한지를 묻자 맹사성은 중국의 『진씨악서(陳氏樂書)』에서 금 12면, 슬 12면을 근거로 들어 제후국의 제도는 천자의 절반을 취한다는 예에 따라 금과 슬을 각 6면으로 하는 게 마땅하다는 의견을 냈다.

조선시대 악기 제조에서는 12율의 기본음을 황종관(黃鐘管)으로 잡았다. 황종관의 제조를 박연에게 맡겼고 맹사성도 참여하였다. 황종관을 제조하는데 대나무 안에 기장 낟알 1,200개를 넣는 문제와 조회 때에 춤을 추고, 경축일에 오래 살기를 비는 예, 왕과 세자가 출입할 때 연주하는 음악 등의 의례의 문제에 대해 세종과 맹사성은 의견을 나누었다.

다양한 의전에 관한 예

세종은 원나라 역사서에는 경축일에 신하들이 춤을 추는 무도례(舞蹈禮)를 행하였다는데, 조선은 어떻게 해야 하는지를 고불에게 물었다. 맹사성은 당과 송나라에서도 무도례를 폐지하였으니, 예전처럼 행하지 않는 것이 마땅하다고 하였다. 세종은 신하가 임금 앞에서 빨리 걷는 것과 천천히 걷는 것 중 어느 것이 좋은지를 물었고, 맹사성은 빨리 걷도록 해야 한다고 하였다.

세종이 임금이 조정을 출입할 때 어떤 음악을 연주할 것인가를 묻자, 맹사성은 왕과 세자가 출입 시 서로 다른 문묘 제례악으로 할 것을 건의하였다. 세종은 왕과 세자 외에도 높은 벼슬아치가 출입하거나 절하고 일어날 때에 모두 음악을 사용할 것을 지시하면서 연주곡의 차이로 특정한 신분을 상징하도록 하였다.

세종은 변계량에게 궁중에서 국가의 공식적 행사인 제향이나 연향 때에 사용할 시가를 짓게 하였고, 박연에게는 중국 음악을 수입하여 악기 제작과 아악 정비를 하게 하였다. 맹사성에게는 전통음악을 토대로 중국의 음악과 향악과의 조화를 추구하면서 악기 제작 및 악공 훈련과 조선의 음악이 나아갈 방향을 정립시키는 일을 맡겼다.

궁궐의 다양한 의례

맹사성은 국왕의 말이나 명령을 담은 문서 작성을 담당하던 예문관 재직시절에 세자의 혼례를 주관하면서 혼례절차를 진행하였다. 고불은 의례에 조예가 깊어서 왕이 죽은 뒤 그의 공덕을 칭송하여 종묘에 신위를 모실 때 올리는 태조의 시호를 지었다.

맹사성은 태종이 승하했을 때 장례를 주관하기 위해 임시로 설치된 국장도감의 관직을 맡아 능력을 발휘하였다. 고불은 태종의 시신을 씻기고 입안에 구슬과 쌀을 넣는 염습을 하고, 관위에 금가루로 '세상을 떠난 뛰어난 덕과 신기한 공적을 쌓은 태상왕의 관'이라고 썼다. 세종은 졸곡(卒哭)제사까지 4개월간 고기를 입에 대지 않았다. 이때 백성들은 삼우제(三虞祭) 전까지 일체의 제사, 결혼, 도살 등을 해서는 안 되었다. 의금부는 국상 중에 죄지은 자는 장형으로 다스렸다.

태종은 세종의 몸이 허약했으므로 유언을 남겼다. "세종은 고기가 없으면 밥을 먹지 못하니 내가 죽은 뒤에 형편에 맞게 3년 상을 치르도록 하라." 리더는 끈질긴 회의에도 끄떡없는 경이로운 체력을 갖추어야 한다. 중요한 사안에 대해서는 구체적인 합의안과 실행안이 회의 결과물로 도출되어야 한다.

종교와 제례에 관한 지식

맹사성은 노장사상, 유교, 불교와 여러 신앙 요소를 받아들여 형성된 도교(道敎)에도 해박한 지식을 갖고 있었다. 세종은 이조판서 맹사성에게 명하여 도교에서 제단을 설치하여 제사를 지내던 소격전(昭格殿)에서 비 오기를 빌게 하였다. 기우제를 위해 도롱뇽을 찾는 경우도 있었지만 가뭄이 더 심하면 호랑이를 잡아 그 머리를 개성의 박연폭포에 담그는 행사도 열었다.

유학에 심취했던 세종은 승려들이 지내는 기우제는 반대하였는데 신기하게도 도롱뇽에게 기우제를 지내는 날에는 실제로 비가 내렸다. 세종이 천신신앙의 의례에서 배, 밤, 대추 등 과일은 벌레가 먹었을까 염려되니 쪼개고 깎아서 올리는 방안에 대해 묻자, 유교의 예제에 박식했던 맹사성은 옛글에 따라 깎지 않고 온전하게 올려야 한다고 건의하였다.

맹사성은 명나라의 『주자가례』에 의거해서 어떤 신분이든 한결같이 명나라의 사대봉사 제도를 따라야 한다고 주장했지만 받아들여지지 않았고, 세조 대에 편찬된 『경국대전』에도 사대봉사가 아니라, 신분에 따라 차별을 두는 제사법으로 규정하고 있다. 사대봉사는 명종(재위 1545~1567) 대 이후에 가서야 한국의 주요한 제사 전통으로 자리 잡게 되었다. 사대봉사는 조상에 대한 제사에서 신분차별을 없애는 혁신적인 제도였다. 신분제 사회에서는 죽어서도 제사에서 차별을 받았다.

맹사성은 명나라 이후 예제(禮制)를 새롭게 정리하여 만든 『홍무예제』를 중시하였지만 임금이 궤장(几杖)을 하사할 때 의자를 사용하는 관행을 유지할 것인가의 논의에서는 조선의 전통과 관례를 중시하였다.

지피지기와 문관의 전통

세종은 왜학을 공부하지 않는 문제를 지적하면서 사역원에 왜학 관련 자리를 만들었고, 그 관직을 돌아가면서 맡도록 하며 왜학을 장려하였다. 사역원에 근무했거나 현재 근무하고 있는 관원들은 사역원에서 우리말을 쓰지 못하게 하였다. 중국어뿐 아니라 몽골어, 일본어, 여진어도 권장하여 외국어에 능한 관리를 양성하고자 하였다.

여진족에게 포로로 잡혀있던 중국인 서사영이 조선으로 탈출해 오자 서사영을 조선에서 살게 할 것인지 아니면 중국으로 돌려보낼 것인지에 대한 논의가 있었다. 우의정 맹사성은 황희와 함께 서사영이 한문에 능함으로 중국어를 가르치는 벼슬을 내려 귀화시킬 것을 세종에게 건의하였고 받아들여졌다.

1431년 공자를 모시는 문묘(文廟) 이외에 무묘(武廟)를 별도로 설치할 것인가를 묻자, 맹사성은 공자는 문무를 겸한 성인인데 별도로 무묘를 둘 필요가 없다고 하며, 비록 문무 양반제를 시행하지만 문관 위주의 전통을 지키겠다는 입장을 고수하였다.

은혜에 보답하는 시

〈강호사시가〉는 맹사성이 1435년 76세에 좌의정으로 퇴임한 뒤 온양 집에 은거할 때 유유자적하는 생활을 읊은 노래로써 김천택(1680~?)이 지은 『청구영언』에 수록되어 있다.

강호에 봄이 찾아드니 참을 수 없는 흥겨움이 솟구친다.
탁주를 마시며 노는 시냇가에 싱싱한 물고기가 안주로 제격이구나.
다 늙은 이 몸이 이렇듯 한가롭게 지냄도 역시 임금의 은혜로구나.

강호에 여름이 닥치니 초당에 있는 늙은 몸은 할 일이 별로 없다.
신의 있는 강 물결을 보내는 것은 시원한 강바람이다.
이 몸이 이렇듯 서늘하게 보내는 것도 역시 임금의 은혜로구나.

강호에 가을이 찾아드니 물고기마다 살이 올랐다.
작은 배에 그물을 싣고서, 물결 따라 흘러가게 배를 띄워 버려두니,
다 늙은 이 몸이 이렇듯 고기잡이로 세월을 보내는 것도 역시 임금의
은혜로구나.

강호에 겨울이 닥치니 쌓인 눈의 깊이가 한 자가 넘는다.
삿갓을 비스듬히 쓰고 도롱이를 둘러 입어 덧옷을 삼으니.
늙은 이 몸이 이렇듯 추위를 모르고 지내는 것도 역시 임금의 은혜로
구나.

〈강호사시가〉는 봄, 여름, 가을, 겨울 4계절의 순환에 따라 전원에
사는 선비가 풍류를 즐기면서 사는 삶의 여유와 아름다움을 노래했다.
맹사성은 여유를 갖고 즐기는 삶이 모두 임금의 은혜라고 함으로써 세
종에 대한 충성심을 표현하였다.

고불이 남긴 시

맹사성은 김해도호부의 지방관으로 수년간 봉직하면서 호계천 연변
에 있는 연자루(燕子樓)에 시를 남겼다.

가락국 빈터에서 몇 해 봄을 보았던가.
수로왕 문물도 티끌뿐일세.
가련한 제비는 옛일을 생각하는 듯.
높은 누각 곁에 와 주인을 부르네.

맹사성은 한때 흥성했으나 멸망한 가야국과 김수로 왕의 회한을 노래하였다.

1427년 우의정 맹사성은 자신이 받은 교지 뒤에 전주에 사는 박 씨 성을 가진 효자에게 '득팔자'라는 시를 지어주었다.

옛날 요 임금 시절에
지극한 교화가 넓게 펼쳐졌네
순 임금께서는 역산에서 밭 갈고
두려워하고 삼가며 마음에 소홀함이 없었네
큰 효도는 지금까지 남아서
사람들로 하여금 깊이 성찰하게 하네
전주는 또한 왕도라서
풍속이 간사하고 교활하지 않다네
박공이 여기에 거처하여
부모 섬기기를 부지런하고 또 삼가니
여묘 살이 삼 년 동안 곡을 하며
슬프디 슬픈 정성 또다시 힘썼네
이 사람은 바로 순임금의 신하라서
어찌 8명의 인재가 필요하다 하리오
효도가 그대에게 옮겨졌으니
공께서는 마땅히 맡아 관리하시오

시의 주제는 효이고 맹사성은 박 씨의 효행을 순임금의 효심과 비교하면서 찬미하였다. 박 씨의 효는 순임금 때 여덟 명의 인재가 부럽지 않다고 묘사하였다. 전주에 사는 박 씨의 효행을 이씨 왕조의 관향인 전주에 그대로 남아있음을 묘사하면서 왕도정치가 실현되고 있음을 노래하고 있다. 박 씨는 효자로 인정받아 관직을 받았다.

명신 반열에 든 고불

성호 이익(1681~1763)은 맹정승의 '인침연' 사연과 관련하여 행실의 아름다움을 찬미하는 '추인행(墜印行)'이라는 가사를 지었다. 정조(재위 1776~1800)는 삼국시대부터 당대까지의 명신 191명을 선정하고 그들의 언행과 사적을 모아 『해동신감』이라는 책을 만들었다. 정조는 세종이 『태종실록』 열람을 요구했을 때 편찬의 책임자였던 맹사성이 "만일 전하께서 실록을 보신다면 후세의 임금이 반드시 이를 본받아서 고칠 것이며, (정론 직필을 원칙으로 하는) 사관도 군왕이 볼 것을 의심하여 그 사실을 반드시 다 기록하지 않을 것이니 어찌 후세에 (생생한 기록의 역사로) 그 진실함을 전하겠습니까?"라며 그 부당함을 말하자, 세종이 수긍한 사례, 인침연 이야기, 병조판서의 맹사성 집 방문 일화 등에 주목하였다.

정약용(1762~1836)은 맹사성이 소를 타고 서울과 온양을 왕래한 것을 풍류를 즐길 줄 아는 분으로 시 〈귀전시초〉에서 밝히고 있다. 다산은 "『주역』을 담론한 우탁 제주(祭酒, 首席)와 소를 타고 다닌 맹정승은 풍류가 있었네. 생활모습들이 문란해지니 본받을 만한 스승이 없네."라며 고불과 우탁에게 존경을 표하였다. 우탁(1263~1342)은 고려 말 성리학자로 충선왕이 부왕의 후궁인 숙창원비(淑昌院妃)와 통간하자 백의(白衣)차림에 도끼 맞고 죽겠다는 각오로 도끼를 들고 거적자리를 짊어진 채 궁궐로 들어가 간곡히 간할 정도로 결기가 있었고, '역학(易學)에 조예가 깊어 점이 맞지 않음이 없다.'고 기록될 만큼 아주 뛰어난 역학자였다.

맹사성과 관련된 전설에는 설화산 기린(麒麟)고개 전설이 있다. 아이들이 설화산 언덕에서 사납고 검은 산짐승을 발견하였는데, 맹정승이 나타나자 갑자기 온순해져서 맹정승을 따라 집으로 왔고, 맹정승은 그 짐승을 하인에게 기르게 했는데 점점 목이 긴 기린처럼 변해 그것을 타고 서울을 오갔다는 전설이다. 기린은 현인의 출현을 상징하는 상서로운 동물로써 맹정승이 죽자 그 기린도 식음을 전폐하고 죽어 무덤을 만들어 주었다. 경기도 광주의 맹정승 무덤 옆에 묻혀 있고 후손들은 이를 흑기총(黑麒塚) 또는 기린우총(麒麟牛塚)이라 부른다.

고불은 풍수지리에 밝은 행정가였다. 맹사성과 관련해서 안동지방에 전해오는 이야기가 있다. 맹사성이 안동부사를 지낼 때 풍수지리전문가로서 지역문제를 해결했던 신비로운 인물로 그려지고 있다. 고불

송악면 외암리 기린곡

은 안동의 유력한 세력가이며 고려시대 세도가인 김자수가 은거하면서 낙동강 변에 큰 뽕나무 밭을 소유하고 농사를 지으며 조선에 협조적이지 않자 하천을 정비하여 물의 흐름을 바꾸고 제방에 옻나무를 심어 김자수의 시세를 약화시켰다. 맹사성은 대대적인 토목공사를 실시하여 물길을 내고 나무를 심고 각종 상징물을 건축하여 안동지역의 윤리와 질서를 지키면서 건강하고 장수하는 고장으로 발전시키고자 하였다. 리더는 개인의 이익보다 공동체의 이익을 위해 봉사하는 공명심을 갖추어야 한다.

XI.

전환기에 위기관리 리더십

붕당과 국면전환

숙종(재위 1674~1720)의 탕평책은 정치를 탕탕하고 평평하게 만들겠다는 의미였다. 조선시대를 붕당정치의 시기로 규정하는 것은 큰 무리가 있지만, 숙종 때 서인과 남인의 대립은 극렬했다. 숙종은 세 번의 국면전환을 단행하였다. 첫 번째 국면전환인 경신환국(1680)은 남인의 영수이자 영의정인 허적(1610~1680)의 집에서 열렸던 잔치가 문제였다. 남인들의 단합대회였고 비가 내렸다. 숙종은 허적의 집에 유악(帷幄, 기름 천막)을 갖다주라고 명하였다. 그런데 허적의 집에는 이미 유악이 처져 있었다. 유악은 왕실에서만 사용하는 천막이었으므로 화가 난 숙종은 허적의 아들 허견이 역모를 꾀했다는 죄목으로 허적을 내쳤다. 이 사건으로 남인은 몰락하였고 서인이 등극하였다.

두 번째 국면전환인 기사환국(1689)으로 남인은 권력을 되찾았다. 서인의 영수는 우암 송시열(1607~1689)이었다. 숙종에겐 아이가 없었고, 인현왕후도 불임이었다. 남인의 지지를 받은 조선의 최고 미인 장희빈(장옥정)이 20세에 궁에 들어왔고 바로 아들을 낳았다. 장희빈은 그 아들을 바로 원자로 삼고자 하였고 서인의 영수 송시열은 결사적으로 반대하였다. 그 일로 83세의 송시열은 제주도로 귀양 가서 돌아오던 중 정읍에서 사약(賜藥)을 받았다. 인현왕후는 폐비가 되어 쫓겨났고 남인이 권력을 되찾았다.

세 번째 국면전환인 갑술환국(1694~1701)은 숙종이 무수리 최씨(인현왕후의 몸종, 영조의 어머니)에 빠졌고, 장희빈은 방자해졌다. 서인들은 인현왕후 복위운동을 펼쳤지만 결국 인현왕후는 사망하였고 장희빈은 사약을 받았다. 경종의 시기는 조용히 지나갔고 무수리 최씨는 영조(재위 1724~1776)를 낳았다. 서인의 지지를 받은 영조의 콤플렉스는 어머니가 무수리였다는 사실이었다. 영조는 콤플렉스를 극복하기 위해 고육지책(苦肉之策)으로 아들 사도세자를 죽여가면서 52년간 왕위를 지켰다.

유능한 청년인재 발굴

정조(재위 1776~1800)는 왕위에 등극하자 규장각(奎章閣)을 설치하여 당파와 관계없이 유능한 청년 인재들을 발굴하였다. 규장각은 학문과 정치를 연결하는 중심기관이었다. 규장각이 배출한 인재로는 정약용(1762~1836), 서얼 출신 박제가(1750~1805), 유득공(1748~1807), 이덕무(1741~1793), 서이수(1749~1802) 등이었다. 영조 정조 시대의 탕평책은 환국정치의 극단에서 나온 고육지책이었지만 세종대를 거치면서 국가운영 시스템이 잘 갖춰졌기 때문에 정조 역할이 드러난 면도 있다.

화성 축조와 대동사회

정조는 아버지 사도세자(1735~1762)의 묘를 화성으로 이장하면서 수

융릉(사도세자)

원에 화성을 쌓았다. 채제공(1720~1799), 정약용(1762~1836), 김홍도 (1745~1806) 등이 참여하였고 무거운 돌을 운반하는 거중기가 등장하였다. 정조는 화성에서 공자가 꿈꿨던 사람과 천지만물이 서로 통하여 하나가 되는 대동사회를 실현하고자 했다. 인(仁)과 예(禮)가 구현된 사회로 재화와 소유를 공동으로 향유하며 모든 사람들이 서로 사랑하고 돌봄으로써 하나로 어우러져 살아가는 사회이다.

다산의 실학사상과 천주교

1762년 사도세자가 죽은 해에 다산 정약용은 태어났다. 정약용의 어머니 해남 윤씨는 고산 윤선도(1587~1671)와 공재 윤두서(1668~1715)의 손녀였다. 다산의 형제는 이복장형 정약현, 이승훈의 처인 누나, 정약전, 정약종, 정약용, 이복동생 정약횡, 두 명의 여동생 등 8남매였다.

다산은 4세에 글자와 글을 깨우쳤고 7세에 이미 모든 책을 읽었다. 10세 때 지은 시를 쌓으면 자기 키 정도가 되었다. 15세에 16세인 풍산홍씨와 결혼하였고 서울의 남인계 명사들과 교우하였다.

정약용은 성호 이익(1681~1763)의 학문을 접하였고, 성호의 유고를 독파하였다. 성호의 종손 이가환(1742~1801)과 가까이 지내고 성호의 유고를 읽으면서 다산은 학문방향이 정해졌다. 다산은 과거공부에 전념하여 22세에 진사과에 합격하였고, 과거에는 합격권이었지만 당파와 관계된 여러 가지 이유로 낙방하였다. 정조는 "너무 빨리 서둘러 과거에 합격하지 말고 공부를 제대로 익힌 뒤에 합격해도 늦지 않다." 며 격려했다. 다산은 28세에 문과에 합격하였지만 수석으로 등과시키면 시비의 구설에 오를까 염려되어 예조에서는 2등으로 발표하였다.

정약용의 매형인 이승훈(1756~1801)은 사신으로 북경에 가는 아버지를 따라갔다가 천주교회당에서 세례를 받고 우리나라 최초의 세례교인이 되었다. 이승훈은 천주교 서적, 성구 등을 가지고 북경에서 돌아왔다. 다산은 남양주시 마현에서 큰형수의 남동생인 이벽(1754~1785)을 만났다. 이벽의 소개로 다산은 천주교에 대한 서적을 읽게 되었고 새로운 세계에 빠져들었다. 다산은 23세 이후 7여 년간 천주교에 매료되었다.

천주교는 정치탄압의 수단

1791년 다산의 외사촌 윤지충(1759~1791)과 그의 외사촌 권상연(1751~1791)은 천주교 신자로서 교리에 따라 신주(神主)를 불사르고 제사를 폐한 죄로 신해박해 때 순교하였다. 신해박해는 남인계 내의 정치적 대립의 산물이었다. 남인계가 서학과 천주교에 호의적인 채제공, 이가환, 정약용 등 신서파(信西派)와 목만중, 이기경, 홍낙안 등 천주교 배척파인 공서파(攻西派)로 갈라지면서 천주교는 정치적 분쟁의 도구가 되었다.

다산은 28세에 벼슬길에 오르자마자 왕을 가까이 모시며 외교문서를 작성하고 과거를 관장하며 왕에게 강의도 하는 한림학사(翰林學士)와 유학의 진흥과 인재를 양성하는 홍문관학사(弘文館學士)를 역임하였고, 33세에 경기도 암행어사, 34세에 정3품 승정원 동부승지(同副承旨)에 올랐다. 청나라 신부 주문모(1752~1801)의 밀입국 사건이 발생하였고, 다산의 셋째 형 정약종(1760~1801)은 독실한 천주교 신자가 되었다. 다산은 천주교에 연루되었다는 증거는 없었으나, 공서파의 공세로 충청도 금정도에 종6품의 찰방이라는 외직으로 좌천되었다. 찰방은 역참의 우두머리로 역졸들을 관리하고 역참 주변 마을의 정세를 중앙에 보고하는 임무였다.

천주교는 정치탄압의 수단으로 작용하였다. 다산은 금정도 찰방에 부임하자 충청도 홍주, 예산 일대 천주교 신자들이 배교하도록 지도하였고, 제사를 권유하며 천주교 교리가 정통적 유교사상에 배치되는 논리를 지녔다고 신자들을 설득하였다. 다산은 다시 그 해 한양으로 복귀하였지만, 사방에서 다산을 비방하는 상소가 올라왔다. 다산은 천주교에서 떠난 사람임을 밝히고, 이러한 비방을 받는 것은 정치적인 이유 때문임을 주장하는 상소를 정조에게 올렸다. 정조는 여론을 잠재우고자 다시 다산을 황해도 곡산 도호부사로 임명하였고, 2년 후 다시 중앙으로 불러들여 형조참의 벼슬을 내렸다.

가문의 위기와 유배

1800년 정조가 세상을 뜨자, 사도세자에게 제왕의 칭호를 주는 것에 반대했던 벽파(僻派)와 공서파의 세력이 득세하였고, 1801년 신유박해로 다산 가문의 정약전(1758~1816), 정약종(1760~1801), 정약용이 투옥되었다. 다산의 유배생활은 참으로 길었다. 첫 유배지는 경상도 영일만 장기였다가, 그해 겨울 다시 서울에서 조사를 받고 전라도 강진에서 18년간 유배생활을 하였다. 만일 다산이 천주교 신자였다는 증거가 있었다면 살아남을 수 없었을 것이다.

1910년 6월 조선왕조는 명예회복차원에서 다산에게 정2품의 정헌대부 규장각제학 벼슬과 문도(文度)라는 시호를 내렸다. 리더는 명예를 중시하고 소신을 지키며 비극적인 스캔들에 휘말리지 않도록 늘 마음과 행동거지를 바르게 해야 한다.

개혁성향의 방대한 책

다산은 500여 권의 방대한 책을 집필했다. 첫째, 동양철학인 사서육경을 재해석하고, 반 성리학적인 입장에서 사변적이고 관념적인 세계가 아닌 현실적인 행동과 실천을 강조하였다. 둘째, 정치경제학 분야에서 『경세유표』, 『목민심서』, 『흠흠신서』 등을 통해 혁신적이고 혁명적인 주장을 하였다.

단편논문 〈원목〉에서는 국가의 의사를 최종적으로 결정하는 권력은 국민에게 있음을 주장하였고, 권력자는 백성들을 위해 존재한다는 논리를 펼쳤다. 〈탕론〉에서는 위가 아래를 만든다는 상이하(上而下, 역성혁명)의 정치 형태에서 아래가 위를 만든다는 하이상(下而上, 민중혁명)의 정치형태로 변혁을 주장하였다. 국민으로부터 나오는 권력이어야 함을 주장하면서 왕조정치의 세습으로 역사의 후퇴와 타락이 파생되었다고 주장하였다. 〈탕론〉은 부도덕하거나 부당한 통치권을 행사하는 독재자는 국민의 힘으로 추방하거나 퇴위시킬 수 있다는 혁명론이었다. 〈전론〉에서는 토지정책과 관련하여, 생산수단의 공정한 분배가 가난의 해결책이라고 주장하였고, 토지를 대지주로부터 환수하여 마을단위로 공정하게 재분배하고 마을사람들의 공동경작에 의해 얻은 소득을 공정하게 분배하는, 여전제(閭田制)를 실시하자는 혁명적인 토지정책을 주장하였다.

시대를 반영하는 학문

만약에 신유박해라는 전대미문의 지식인 탄압이 없었더라면, 천재적이고 선구적인 학자가 소신껏 학설과 사상을 펼칠 수 있었다면, 우리나라의 역사적 전개가 얼마나 달라졌을까. 실학의 계보는 율곡 이이, 반계 유형원, 성호 이익, 담헌 홍대용, 연암 박지원, 초정 박제가, 다산 정약용으로 이어졌다. 임진왜란과 병자호란 이후 변화된 사회경제적 여건이 마련되자, 성리학의 한계를 벗어나려는 유형원, 이익, 정약용과 같은 학자들은 서양사상을 접목하여 시대변화에 능동적으로 대처하고자 하였다. 성호 이익은 조선의 3대 폐단의 혁파를 주장했다. 첫째, 임금만 받들고 신하는 억누르는 제도를 문제로 보았다. 둘째, 인재등용에 문벌만 숭상하고 신분제를 탈피하지 못한 점의 개선을 원했다, 셋째, 학문으로만 과거시험을 치러 인재를 선출하는 일은 나쁜 제도로 보았다.

학자들의 롤 모델

다산은 "나도 성호와 같은 학자가 되겠다." 강진유배시절 흑산도에서 귀양살이하던 형 정약전에게 "우리가 천지의 웅대함과 해와 달의 광명을 알 수 있게 된 것이 모두 성호 선생의 힘이었습니다."라고 다산은 편지를 썼다. 다산은 〈박학〉이라는 시에서 "박학한 성호어른, 우리들에겐 백세의 스승일세."라고 성호를 묘사하였다. 성호 이익이 체계화한 실학사상은 다산을 통해 집대성되었다.

율곡 이이(1536~1584)는 "그렇게 하지 않으면 10년이 못되어 국가가 무너지는 환란이 있을 것이다."라고 십만양병설을 주장하였지만, 서애 유성룡(1542~1607)은, "무사한 때에 군대를 양성하는 일은 환란을 키우는 일이다."라고 반대하였다. 이익, 정약용은 이이의 십만양병설을 사실로 믿으며 실행했어야 할 정책이었다고 아쉬워했고, 유용한 학문(有用之學)이라고 찬사를 보냈다. 반계 유형원, 성호, 다산은 모두, "이러다가는 나라가 반드시 망할 것이다."라고 생각했던 실학자들이었다. 퇴계 이황(1501~1570)의 삶의 방향이 항상 궁극적 진리인 하늘을 향했다면 율곡 이이는 땅에서 살아 움직이는 현실로 향했다. 다산은 율곡의 실천적 정치인 경세학에서 큰 영향을 받았다.

권력을 향한 투쟁

성호 이익의 『성호사설』은 같은 부류의 사항끼리 모아서 분류한 사전이다. 『성호사설』은 천지문, 만물문, 인사문, 경사문, 시문문으로 나뉘는데, 모두 3,007개 항목이다. 성호의 가문은 남인계 명문가였지만 아버지가 당쟁에 휩쓸려 유배지에서 죽고 형 또한 장살로 맞아 죽었다. 이런 이유로 성호 이익은 관직으로 가는 길이 막혔고, 책을 읽는 것 말고는 할 일이 없었다. 다행히 집에는 풍부한 장서가 있었다. 아버지는 청나라에 사신으로 다녀오면서 엄청난 양의 신간서적을 구입했다. 그 결과물이 『성호사설』이다. 이익은 『성호사설』에서 정치, 경제, 사회의 모순을 예리하게 분석하고 대안을 제시하고자 했다. 과거제도의 모순을 얘기하며, "후세 붕당의 화는 대개 과거를 너무 자주 치러 사람을 지나치기 많이 뽑은 것이 그 이유"임을 지적하였다. 자원이 한정적인 상황에서 밥그릇 싸움을 붕당의 원인으로 본 것이다. 붕당의 본질은 관직, 곧 권력을 향한 투쟁이었다. 행정 관료를 뽑는데 시와 수필이 주였고, 한양과 지방의 문화적 불평등으로 시골보다는 한양 사람에게 유리했다.

유리창에서 만난 기초서적

홍대용(1731~1783)은 1765년 숙부를 따라 북경 유리창에 도착했다. 홍대용의 『담헌서』에는 황제 알현이 끝난 후, 북경으로 과거 보러온 유생들과 문학과 철학, 역사, 서책을 주제로 이야기를 나눈 내용이 들어있다. 홍대용 이후 이덕무, 유득공, 박제가, 박지원 등이 중국을 다녀왔고 중국의 학자, 문인들과 우정을 쌓고 학문과 문학, 예술을 논할수 있는 계기가 되었다. 1766년에 조선엔 서점이 없었다.

세종은 즉위 초부터 의학에 관심을 보이며 약재 연구에 심혈을 기울였다. 중국으로부터 한약제 수입에 돈이 많이 들어갔고 이를 개선하기위해 세종은 우리 땅에서 나는 약재로 병을 고쳐야 효험이 있다고 생각하여 85권 분량의 『향약집성방』을 편찬하게 했다. 『향약집성방』은 침구법과 레시피와 분량이 포함된 조선 약재학 서적의 대명사로 불리게되었고, 현재까지 전해지는 한의학의 기초서적으로 활용되고 있다.

독서와 신체단련

정조는 책을 가까이했다. 정조는 어려서부터 공부하는 것을 게을리하지 않았다. 반드시 책을 두 번씩 읽었다. 어머니 혜경궁 홍씨는 정조가 책을 다 읽으면 떡을 해서 책거리를 해주었다. 정조는 미리 계획해놓은 책 분량을 반드시 읽었고 역사의 중요성을 인식하고 역사공부에도 매진하였다. 정밀하고 치밀하게 읽었으며 실용적인 독서를 하였다. 변화의 시대에 우리는 고정된 정체성으로 분류돼서는 안 되며 끊임없이 자기계발을 해야 한다.

영조는 여러 가지 이유로 사도세자를 못마땅해 했다. 첫째, 제왕학공부를 게을리 한다. 둘째, 소론과 연대했다. 셋째, 세자가 영조를 죽이고 국왕이 되려한다는 나경언의 상소 등이 있었다. 사도세자의 아들로서 정조는 자신에 대한 정통성을 세우고 신하들보다 학문적 우위에

서기 위해 공부하였다. 조선시대 학자 관료들은 과거에 합격한 후부터
는 공부를 게을리 하였다. 정조도 경연제도를 실시하였지만 신하들의
스승이 되기도 하였다. 정조의 문집『홍재전서』는 신하들을 가르친 내
용이 담겨 있다.

정조는 무예수련으로 신체를 단련하였다. 건강을 유지하기 위해 활
쏘기, 검술과 창술을 연마하였다. 정조는 이덕무, 박제가, 백동수에게
『무예도보통지』를 간행하게 했다. 정조는 정사를 보고 난 뒤 신체단련
과 정신집중을 위해 대부분 활쏘기를 하였다. 활을 잘 쏜 신하들에게
꿩, 농어, 숭어 등 음식을 하사하고, 연회 중 먹던 음식을 싸서 집으로
보내주기도 했다. 50발을 쏘면 49발을 명중 시켰고 마지막 한 발은 허
공으로 날려 보냈다. "무엇이든지 가득 차면 못 쓰는 법"이라며 군주로
서 겸손함을 보였다.

백성중심 개혁과제

영조는 52년 재임 중에 쌀이 부족해지자 40여 년간 금주령을 내렸
다. 국가 재정 예산의 약 50%는 국방비였는데 대부분 군대 장수들의
급여였다. 내시와 궁녀들은 거의 정3품의 봉록에 해당되는 급여를 받
았다.

정조의 국가 개혁의 이념은 올바른 대의명분을 세우고 정치를 하라
는 정명(正命)이었다. 농업과 잠업을 활성화했고, 양반사대부 중심의
사회에서 백성중심의 사회로 만들고자 하였다. 4개의 개혁과제를 제시
했는데, 첫째, 민산, 즉 백성들의 재산 늘리기 위한 농업개혁이다. 둘

째, 인재양성, 즉 규장각을 설립하고 서얼허통 정책이다. 규장각을 통해 인재를 육성하고, 서얼허통의 문제는 천민의 피를 이어받은 정도전이 시작하였으나 결국 정조에 의해 서얼허통의 결단이 내려졌다. 셋째, 국방개혁이다. 넷째, 국가 재정 안정이다.

정조는 검소한 생활을 하였다. 좁고 허름한 책방에 부들 돗자리를 깔고 앉아 독서를 하였다. 무명옷을 입었고, 옷과 버선도 꿰맨 것을 입었다. 진정한 노블레스 오블리주를 실천하였다. 즉 닭 벼슬과 달걀 노른자처럼 벼슬만 자랑 않고 알도 낳는 사명을 다하였다.

동등한 권리부여

조선의 22대 왕으로 등극한 정조는 "과인은 사도세자의 아들이다."라고 선언해 사도세자의 죽음과 관련된 노론 세력들을 부르르 떨게 만들었다. 하지만 당파와 관계없이 인재를 고루 등용하는 탕평책을 썼다. 침실 이름도 '탕탕평평실'이라 지을 정도였다. 또한 10세가 될 때까지 버려진 아이들을 구휼하게 하였다. 혼기를 놓친 30세 이상 남녀 결혼을 장려하는 정책도 펼쳤다.

정조는 금난전권(禁難廛權), 즉 봉건특권 상인에게만 주어진 서울 도성 안과 밖 4km 내에서 노점상을 단속하고, 특정상품을 독점 판매할 수 있는 권리를 혁파하고자 하였다. 정조는 번암 채제공(1720~1799)을 등용하였다. 번암은 사도세자를 기릴 것을 상소했고, 정조의 탕평책을 추진한 핵심 인물로서 대상인의 특권을 폐지하고 소상인의 활동의 자유를 늘리는 조치로 사회적 갈등을 해소하고자 하였다.

리더는 권한에만 무턱대고 의지하지 말고 평등을 전제로 국민들에게 동등한 권리 부여를 위해 노력해야 한다. 자유의 특별한 가치를 아는 사람, 사회를 변화시키려는 욕구를 가진 사람, 예상하지 못한 것을 경험하기를 갈망하는 사람, 사회의 여러 분야에 다리를 놓으려고 갈망하는 사람이 리더가 되어야 한다.

삶의 편리와 성찰

정조는 공적인 일과 사적인 일을 구분했다. 정조는 "나는 감영에서 올라 온 판결문을 경전 대하듯 읽었다."며 심사숙고하며 무죄추정의 원칙을 따랐다. 정조는 일의 감독관보다 일을 담당하는 기술자와 날품팔이에게 더욱 많은 급여를 주도록 했다. 소나무 보호를 위해 송충이를 잡게 하였고 땔감으로 헐벗은 산에 나무를 심게 하였다. 이용후생의 마음으로 백성들의 삶을 편리하고 풍요롭게 하였다. 독재 권력에 맞서 쟁취한 민주주의도 부주의하게 다루면 흔들릴 수 있다. 리더는 항상 인간의 뇌는 뼈아픈 기억도 쉽게 지워버린다는 사실을 잊어서는 안 된다.

정조는 하루에 세 번씩 성찰하며 일기 『일성록』을 썼다. 백성을 위한 정책이나 보고 내용이 눈에 차지 않으면 화를 내지 않고 돌려보낸 뒤 하루가 지나서 다시 그 문제를 논의하였다. 리더는 일의 완벽을 요구하지 말고, 말을 다 하려고 해서도 안 된다. 정조의 좌우명(座右銘)은 뜻을 세움, 이치를 밝힘, 세상 공경, 하늘을 본받기, 간언 받아들이기, 학교 부흥, 인재 기용, 백성 사랑, 검소함 등이었다.

연대와 인재 발굴

남인의 영수였던 채제공은 우의정에 임명되었고 노론의 영수였던 김종수(1728~1799)와는 당파적으로 대립적 관계였지만 서로의 실력을 높이 평가하고 정조의 개혁정책에 연대하였다. 채제공은 화성을 쌓을 때 중요한 3대 원칙을 제시하였다. "서두르지 말 것, 화려하게 하지 말 것, 기초를 단단히 쌓을 것"이었다.

'조심태(1740~1799)는 말을 달리며 병사들을 지휘하는 능력 면에서 전 시대를 돌아봐도 견줄만한 사람이 없다'며 정조는 그의 인물됨을 높이 샀다. 조선시대 평균 키가 160cm가 못됐던 것을 감안할 때 조심태의 키는 180cm가 넘는 거구였다. 정조는 직할부대인 장용영의 향군을 재정적으로 안정화시켜 배후 친위도시의 군사적 기반을 굳건히 하고자 조심태에게 수원도호부의 책임을 맡겼다. 조심태는 훈련도감의 대장으로 임명되었고, 탁월한 도시계획 전문가로서 역할도 잘 수행하였다.

바람과 구름이 만나 비를 내리게 하는 풍운지회(風雲之會)의 만남을 기다리며 미래를 준비하는 인재들은 세상 도처에 있다. 인재를 발굴하여 제대로 쓰는 것도 리더십이다.

XII.

첨단시대 경영의 리더십

카르다쇼프 척도

천문학자에게 외계인 가설
은 모든 설명이 실패했을 때
꺼내는 최후의 카드이다. 지
구로부터 1,400광년 떨어진
별을 관측했는데, 별의 밝기
가 750일을 주기로 감소하는
현상이 발견되었다. '다량의
에너지를 얻기 위해서 별을 통

에너지
[출처: Pixabay]

째로 에워싼 거대한 인공구조물일지도 모른다.'는 추측도 있었다. 모
든 문명의 공통점은 에너지를 소비한다는 점이다. 1964년 구소련의 천
문학자인 니콜라이 카르다쇼프가 에너지 사용량에 따른 문명의 단계
를 3단계로 구분하였다. 지구가 1년간 만들어내는 에너지만큼 인류가
1년간 에너지를 소비할 수 있다면 카르다쇼프 척도로 1단계에 진입한
것이다. 문명의 단계가 오를수록 에너지 소비량도 수천억 배로 커지게
된다. 현재 지구의 문명단계는 카다르쇼프 척도로 약 0.7단계라고 한
다. 100년 후에는 문명 1단계가 될 것으로 예측한다. 어떻게 에너지를
관리할 것인가. 진정한 리더라면 지구의 앞날을 걱정해야 한다.

문명의 큰 위험요소

우주의 나이는 138억 년이다. 우주가 수명을 다하면 인간은 어떻게 되는가. 앞으로 우주가 팽창을 멈추고 수축하게 된다면 온도가 상승하여 완전히 공중분해 된다. 만일 팽창을 멈추지 않는다면 열역학 제2법칙에 따른 무질서도, 즉 엔트로피(entropy)가 증가하여 우주는 꽁꽁 얼어붙게 될 것이다. 위 상황과 관련한 임계밀도는 '1㎥당 수소원자 6개'이다. 현재 우주의 팽창속도는 더욱 빨라져 가속팽창하고 있다. 가속팽창은 결국 광속을 초과하여 공간은 우리의 시야에서 영원히 사라지게 되고 우주에 물질은 존재하지 않게 된다. 이와 같은 상황에 대한 책임은 신에게 물을 일이지 우리 소관이 아닐지도 모른다.

문명의 가장 큰 위험요소는 지구온난화, 생물학테러, 핵확산, 부와 기술의 불균형, 전염병 등이 될 것이다. 지구온난화는 먼저 저개발국에 영향을 미치게 되는데 식량난을 야기하여 기아와 이주사태로 세계 경제를 위태롭게 할 것이다. 전 세계에 흩어져 있는 생물학무기를 한 번에 살포하면 인류 대부분이 사라질 것이다. 역사적으로 막강한 위력을 발휘했던 킬러는 전쟁이 아니라 전염병과 유행병이었다. 이와 같은 상황에 대한 책임은 우리 소관이기 때문에 신에게 물어서는 안 된다. 리더는 관리의 리더십을 발휘하여 국민들의 안전한 삶을 책임져야 한다.

생성, 소멸, 순환

약 50억 년 뒤 태양의 수소는 고갈되어 빛을 만들어 내는 핵융합반

응을 할 수 없게 되고 태양은 팽창하여 적색거성이 되고 지구의 모든 것을 태워버릴 것이다. 약 40억 년 후에 우리은하는 가장 가까운 안드로메다은하와 충돌하게 되고 하나의 거대한 타원은하로 거듭날 것이다. 우주의 키워드는 순환(cycle)이고 자연만물은 생성과 소멸을 반복한다지만 인간의 역사는 어떻게 흘러갈 것인가.

서양의 역사관 중에 직선사관은 기독교 종말론과 관련 있다. 그것에 따르면 모든 사람에 대한 복음화가 끝나면 예수가 재림하게 되고 심판을 받게 되는데 신자는 천국으로 불신자는 지옥으로 떨어지게 된다. 과거 서양의 역사관은 끊임없이 원을 그린다는 순환사관이 지배적이었다. 군주정에서 폭군이 등장하고 그 폭군을 귀족들이 견제하는 귀족정으로 귀족들이 타락하면 민주정이 등장하였다. 자유와 방종은 다시 전제정, 즉 군주정을 탄생시켰다.

기술패권 시대의 리더십

태양계 중심엔 태양이 있고 태양 때문에 우리 삶의 터전인 지구에서는 낮과 밤, 사계절과 산천초목이 존재하고 우리는 생명을 유지할 수 있다. 태양은 지구 에너지의 원천으로 지구에 도달하는 태양복사 에너지는 전체 중 약 40% 정도이다. 대기를 통과하지 못하는 60%의 태양에너지는 어떻게 활용할 수 있을까. 과학자들은 인공위성에 거대한 태양집열판을 달아서 에너지를 흡수하여 인체에 무해한 마이크로파나 밀리미터파의 형태로 지구로 전송하여 전력망과 연결시킬 수 있다고 본다. 그렇게 되면 미래세상은 지구상에 발전소가 필요 없게 될 것이다.

자기유도방식이나 자기공명기술을 활용한 무선충전이 가능한 에너지 존도 확대되어 선이 없는 세상이 올 것이다. 또한 기술의 패권 경쟁은 더욱 심화되어 군사적 충돌로도 이어져 세계질서가 재편될지도 모른다. 미래에 펼쳐질 기술패권 시대에 요구되는 리더십은 무엇일까.

아시모프(I. Asimov, 1920~1992)는 단편『마지막 질문』에서 인간이 물질의 속박에서 벗어나 '의식을 가진 순수한 에너지'로 존재하면서 우주 전역을 마음대로 오갈 수 있을지를 묻고 있다. 인간은 모두 컴퓨터와 연결되고 인공지능의 도움으로 우리의 미래에 대한 해결책을 찾아낼 수 있을까. 우주의 종말이 다가왔을 때 인공지능 컴퓨터는 엔트로피를 되돌리는 방법을 알아내서 위기에 처한 우주를 구해낼 수 있을까. 인공지능에게 미룰 일이 아니다. 리더는 미래를 볼 수 있어야 하고 준비되어 있어야 한다.

인간의식과 시간

과학자들은 인간의 의식을 레이저에 실어서 초광속으로 우주를 누비는 레이저 포팅(laser porting) 기술이 100년 후쯤엔 실현 가능하다고 본다. 이때 인간은 순수한 에너지로 존재하게 되고 인간이 살기에 안전한 우주를 선택하여 인류는 명맥을 이어갈 수 있게 된다. 호킹(S. Hawking, 1942~2018)은 "인류가 살아남으려면 지구에 연연하지 말고 우주로 진출해야 한다. 향후 200년간 재난을 이기고 살아남는다면 우주 전역으로 뻗어나가서 안전한 삶을 누릴 수 있을 것이다. 우주에 독립적인 식민지가 구축되기만 하면 안전은 보장된다."고 하였다.

우주
[출처: Pixabay]

성 아우구스티누스(354~430)는 "신이 전지전능한 존재라면 지구적 관점에 얽매이지 않을 것이다. 신성한 존재는 마감시간에 맞추기 위해 서두를 필요가 없고, 굳이 시간약속을 할 필요도 없다. 신은 시간의 바깥에 존재한다."고 하였다. 온도가 낮을수록 생명체의 사고는 느려지는데, 온도가 계속 내려가면 단순한 생각을 하는데도 수백만 년이 걸릴 수도 있다. 계속 느려지면 분자의 운동까지 느려져서 어떤 정보도 교환할 수 없게 된다. 냉동 보관된 인간이 전 세계에 600여 명이라는데 그들은 훗날 시간의 주권자가 될 수 있을까.

우주는 지적생명체가 태어나고 진화하도록 정교하게 세팅되었는가 아니면 우연적으로 생명체에게 유리한 극소수의 우주들 중 하나에 우리가 살게 된 것인가. 다만 분명한 것은 원자핵 내의 양성자와 중성자를 결합시키는 핵력과 중력, 여러 힘들이 적당한 세기로 정교하게 세팅되었기 때문에 지구에 생명체가 번성할 수 있었다. 분명히 미래사회는 리더의 자질로써 정교함과 디테일한 사고를 요구할 것이다.

디자인 철학과 생각의 질량

현재 펼쳐지는 세상은 온통 데카르트적이다. '나는 의심한다. 고로 존재한다(Cogito ergo sum).' 미국을 만든 세 가지 힘은 청교도 정신, 개척정신, 실용주의 정신이었다. 잡스(S. Jobs, 1955~2011)는 인문학과 과학기술의 교차점에서 애플을 탄생시켰고, 하이데거(M. Heidegger, 1889~1976)의 도구 철학에서 영감을 얻어 아이폰과 아이패드를 만들어 냈다. "도구는 평소에 인간이 의식하지 못한 채 쓰이지만, 사용 불능 상태가 되면 비로소 인간은 이를 의식한다."는 사고로 심플한 디자인과 사용법이 간편한 아이폰을 만들어냈다. 형태가 기능을 따르듯이 미래는 아름다움, 유용성, 적정성의 완벽한 조화를 이룬 디자인 철학이 문명을 선도할 것이다. 현재와 미래 리더상은 디자인처럼 겸손, 절제된 언어를 구사하며 혁신적 아이디어로 목적과 비전을 설계하는 인물이다.

미래 설계
[출처: Pixabay]

우리의 삶과 관련된 문제를 앞에 두고 치열하게 고민하고 사색하는 대신 스마트 폰, 컴퓨터, TV가 우리의 도피처가 되었다. 인간은 하루에 6만 번을 생각하고 95%는 어제 생각의 반복이고 나머지 5%도 창조적인 생각과 거의 관련이 없다고 한다. 보통 사람들의 생각은 인류역사에 단 하루도 영향을 미치지 못했지만 공자나 소크라테스, 플라톤 같은 사람들의 생각은 인류역사에 수천 년 넘게 영향을 미치고 있다.

생각의 질량이 크면 두뇌의 시간을 영원에 가깝게 붙잡아둘 수 있고 시대를 초월해서 후세에 전할 수 있다. 아인슈타인은 인류문명의 역사를 뒤집었고, 매일 우리가 레오나르도 다빈치, 소크라테스, 공자, 플라톤처럼 생각한다면 우리의 삶은 어떻게 바뀔까. 세상을 변화시키기 위해서 할 수 있는 유일한 일은 내 자신을 변화시키는 것이다. 아침을 먹으면서도 태블릿 PC로 간밤에 들어온 보고서와 뉴스기사를 검색하는 일은 잠재적인 위험을 감지하고 세상을 이해하려는 자세이다. 급박한 상황이 벌어진 상황에서 꼼꼼한 접근방식으로 문제를 처리하기보다는 그런 상황을 예견하고 미연에 방지하는 리더십이 필요하다.

기회포착과 연결사회

현실적 인간관계와 가상공간의 관계가 모두 중요해진 세상이다. 현재는 만남이라는 인간관계를 통해 신뢰가 쌓이지만 가상공간에서는 익명성을 이용해 자신을 돋보이게 할 수 있어 가상세계를 더욱 신뢰하는 현상도 벌어진다. 최첨단 IT로 연결되는 미래사회는 가상공간이 우위를 선점할 것이다. 하지만 디지털세계가 잠시 안도감을 줄지는 모르지만 소외감은 증폭될 것이다. 우리의 DNA는 수십만 년을 아날로그적 인간으로 축적되며 진화하여 왔기 때문이다. 실수했던 인생의 교훈들은 삶에 자양분이 되고 미래에 요구되는 리더상은 준비성과 기회를 거머쥐는 능력이다.

4차 산업혁명과 관련된 사물인터넷, 빅 데이터, 인공지능, 블록체인, 비트코인, 드론, 자율주행자동차 등은 이제 우리에겐 친숙한 단어가 되었다. 스마트 폰과 인터넷 디지털환경으로 조성된 초연결사회에서는 예측 불가능한 다양한 문제들에 대한 해결능력과 틀을 깨고 고정관념에서 벗어날 수 있는 창의성이 무엇보다 중요해졌다. 창의성은 타고나는 것일까. 아이큐가 높았던 아인슈타인도 끊임없이 의도적인 훈련을 했다고 한다. 잠재된 능력은 적절한 환경과 연습을 통해 계발될 때만 탁월한 성취로 이어진다. 창의성은 축적된 경험들을 연결하여 새로운 것을 합성하는 능력이기 때문이다.

IT혁명과 사물인터넷

미래는 굼뜨고 덩치 큰 동물이 아닌 세상의 변화에 기민하게 대처하는 작지만 빠른 동물이 생존율도 높고 더 강자가 될 것이다. 디지털기술을 활용하여 가치를 만들어내는 사람이 미래를 이끌어갈 것이다. 핵심은 어떻게 내 생활양식과 사회문화와 디지털기술을 접목시킬 수 있는가의 문제이다. 인스타그램, 페이스북, 카카오톡 등과 같은 소셜미디어는 사람과 사람을 연결해주는 일이 핵심이고 사물인터넷은 사람과 사물, 사물과 사물을 연결하는 시스템이다. 스마트폰 다음의 새

자율주행차
[출처: Pixabay]

로운 미디어 플랫폼은 웨어러블 기기가 될 것이다. 우리 몸의 바이오 정보까지 온라인 세계로 옮겨지고 정보의 활용도는 우리의 상상을 초월할 것이다. 스마트 카, 스마트 홈, 스마트 도시에서의 삶은 지금의 방식과는 다를 것이다. 창의력과 연결력이 삶에 중요한 변수가 될 것이다.

우리 생활 속에는 기존에 있던 것들에서 혁신을 일으킨 보편적인 디자인 제품들이 있다. 감자 깎는 칼, 소리 나는 주전자, 양손잡이용 칼과 가위, 고무 손잡이가 달린 조리 용품, 바퀴 달린 가방, 계단 없는 저상 버스 등 혁신적인 아이디어로 제품들을 디자인한 사람은 누구였을까?

미래는 연결의 시대다. 연결을 잘하는 사람이 성공할 확률이 높아졌다. 통계에 의하면 교통사고의 90%는 기계적 결함보다는 인간의 부주의로 발생한다고 한다. 장차 인공지능이 탑재된 자율주행 차의 교통사고 발생률은 0% 가까이 될 것으로 전망한다. 사물인터넷 기술의 발전, 안전운전 장치들의 대폭 강화, 사각 감시 시스템의 완벽한 보완, 교통사고 책임의 문제, 교통체증이 발생하지 않도록 고효율의 도로상황 등이 개선된다면 사람이 운전하는 차가 더 위험하다는 인식으로 오히려 무인자동차를 선호하게 된다는 주장이다. 인간에겐 안전에 대한 본능적 욕구가 있다. 조직과 삶의 목표 중에 안전을 생각하는 리더십이 요구되는 세상이다.

편리한 라이프스타일과 신뢰

인간은 부자유스럽지만 불안 심리 때문에 누군가로부터 관리받는 것이 편안할지도 모른다. 하지만 어떤 일이든 기획을 잘 하려면 사고가 유연해야 한다. 미래도시는 클라우드(cloud) 방식, 즉 정보를 얼마나 병렬로 처리할 수 있고 정보이용이 얼마나 편리한지

정어리 떼
[출처: 위키미디어 커먼스]

가 좌우할 것이다. 편리하게 머무를 수 있는 공간이면서 다른 곳에는 존재하지 않는 색다른 경험을 제공해야 할 것이다. 라이프스타일의 혁명은 기존의 공간과 시간 중심이 아니라 심리적 변수가 영향을 미칠 것이다. 인간과 마찬가지로 정어리는 한 마리일 때 나약하지만 그 무력함을 보완하기 위해 떼를 지어 몰려다닌다. 습격을 당하면 이들 무리는 하나의 생명체인양 집단을 유지한 채 이리저리 방향을 바꾸며 습격을 피하면서 생존의 확률을 높이고 희생을 줄인다.

비트코인의 등장은 중앙은행에서 발행한 법정화폐에 대한 신뢰의 붕괴를 의미한다. 2008년 미국 금융위기 때 연방 준비위원회는 돈을 찍어내어 시중에 뿌렸다. 이에 사토시 나카모토라는 사람은 논문을 통해 탈중앙화 된 화폐를 세상에 알리게 되었다. '블록체인' 기술은 해킹을 당하거나 조작할 수 없는 신뢰의 시스템이 작동한다는 점에서 큰 의미가 있다. 앞으로는 올림픽과 월드컵과 같은 대형 스포츠 이벤트를 위한 선수 선발 시 인맥논란을 잠재우기 위해 선수의 기록 통계와 데이

터의 중요성이 커질 것이다. 신뢰는 삶의 전분야로 확대되고 리더의
과거 신상에 대한 기록과 정보는 또 하나의 평가기준이 될 것이다.

투명함, 솔직함, 결정력

진실이 요구되는 사회에서는 작은 거짓말도 용납되지 않는다. 선택
의 폭이 넓은 세상에서 인간의 감성은 변덕스러울 수밖에 없다. 정직
과 솔직한 마케팅이 인간의 감성과 마음을 자극할 것이다. 이제 구직
자들은 기업 브랜드만 보고 회사를 선택하지 않고 기업정보 공유 플랫
폼인 '잡 플래닛(Job planet)' 등을 통해 기업의 속사정을 파악한다. 조
직문화, 복지수준, 회사 장단점까지 파악하여 별의 개수로 평점을 매
긴다. 임기응변, 자제력, 순발력 등을 테스트하고 심지어 폭언, 조롱,
욕설 등 인격적 모독을 가하여 조직 순응도를 알아보는 압박면접은 기
업의 이미지만 실추시키게 된다. 구직자가 면접 본 회사를 평가하고
회사의 면접내용이 공개되면서, 불합격시킨 이유에 대해 탈락자들에
게 피드백을 해주는 기업들이 늘고 있다. 반대로 구직자도 평상시 SNS
대화에서 신중을 기해야 한다. 일부 기업들은 입사지원서에 지원자의
SNS 계정 기재를 요구하기 때문이다. 투명함과 솔직함이 요구되는 시
대이다.

앞으로 펼쳐질 디지털 세상은 우리가 살아온 세상과는 크게 다를 것
이다. 초연결과 대융합의 사회를 맞이하는 자세는 기존의 시스템을 새
로운 방식으로 적용하고 활용할 수 있는 역량을 갖추는 일이다. 또한
유연하고 역동성 있는 교육 인프라 환경을 조성하여 우수한 인재를 확

보하고 육성하는 일이다. 우수한 인재들은 라이벌과의 한판 승부를 위해 아이템과 아이디어 경쟁을 벌이겠지만 리더는 라이벌에 대한 정의(定義)를 색다른 관점에서 내릴 수 있어야 한다. 일관성에 갇혀서 관점을 바꾸지 못하는 리더십은 조직에 해가 된다.

지적 역량 강화와 특이점

미래에 인간은 인공지능의 도움을 받아 현재보다 지적 역량이 강화될 것이다. 인공지능이 인간을 능가할 것이라는 우려도 있지만 인공지능의 역할은 인간의 지적 능력을 보조하는 것으로 이해해야 한다. 다만 인간지능과 인공지능이 어떻게 협업해야 하는가에 대한 철저한 준비가 필요하다. 그렇지 않으면 인간은 인공지능과 로봇에게 자리를 빼앗기게 되고 사회적 갈등이 심화될 것이다. 신기술이 주는 혜택을 특정 계층만 누리는 불평등의 상황이 발생한다면 사회는 도덕성이 무너지고 가치관에 큰 혼선을 야기할 것이다.

인공지능은 이미 바둑과 체스에서 세계 최강의 기사들을 제치며 지적 능력을 과시했고, 이제는 인간의 성역으로 불리던 예술·창작의 영역까지 위태롭게 하고 있다. 간단한 단어나 문장을 입력하면 정지된 이미지뿐 아니라 동영상 편집도 가능해졌다. 인공지능은 인간의 취향 등을 파악하여 새로운 요리법을 만들어 내고, 권위 있는 학술지의 텍스트들을 인용하여 논문까지 쓸 수 있는 기술을 갖게 되었다. 미래학자들은 인간의 신체능력을 증강시켜 주는 기술과 인공두뇌 기술로 신체와 지적능력이 강화된 트랜스휴머니즘(transhumanism) 시대를 예측

하며, 인공지능이 인간의 지능을 뛰어넘는 시점인 특이점의 시기를 아주 가까운 수십 년 내로 전망한다.

원시시대에 부족의 추장은 앞장서서 싸울 전투력, 미래를 내다보는 예지력, 증여의 능력, 소통의 능력, 자연의 흐름을 읽을 수 있는 능력 등을 갖추어야 했다. 현재와 미래가 요구하는 리더상도 크게 변화된 것은 없지만 특히 예지력과 소통의 능력이 중요하다. 백미러를 보며 미래 전략을 구상해서는 안 된다. 앞으로 전개될 미래를 예측하고 자신감을 갖고 다가올 미래사회를 바라보아야 한다. 리더는 미래에 집중하는 동시에 현실을 직시해야 하고 자신감과 '나는 역사의 일부다.'라는 자기인식과 끊임없는 자기계발을 해야 한다.

에필로그

21세기는 몇 사람이 권력을 독점하고 전횡하는 전제정의 시대가 아니다. 혹세무민하며 드라마틱하게 등장한 주인공들이 한방으로 어찌해볼 수 있는 사회시스템도 아니다. 변화의 흐름을 이해하고 준비된 사람만이 선택받고 성공할 수 있는 구조이다. 강의 상류에 거대한 수력발전소가 만들어져 호수가 말라버렸는데도 카누 만들기와 고기 잡는 법을 고집하면 되겠는가.

우리는 무엇에 집중하고 무엇을 생각하고 어떻게 행동해야 하는가. "내려올 때 보았네. 올라갈 때 보지 못한 그 꽃"의 시구가 말해주듯 여유와 에너지가 있어야 보인다. 미래의 보이지 않는 힘들에 대적하기 위해서는 삶의 에너지를 방전시키는 관성적인 일에서 벗어나야 한다. 리더의 브랜드 파워는 자신을 붙들어 놓는 유형적인 것보다 무형적 자산에서 나온다.

스트라디바리우스 바이올린은 연주를 위해 만들어졌으니 돈 많은 수집가의 거실에 전시되어서는 안 된다. 리더는 고상한 것에서 기쁨을 얻고 천박한 것에서 고통을 느낄 수 있는 사람이어야 한다. 미학이 삶의 방식이 될 때 삶에 품격이 더해진다. 미덕을 갖추는 방법은 행동이나 습관으로 터득되는 것이지 우연이나 운에 의해서가 아니다.

우리는 주변에서 맞닥뜨리는 사람과 현상을 잘 헤아리면 내가 찾고자 하는 근원과 만날 수 있다. 우리의 사회구조는 무한경쟁으로 불편한 사람들을 더 많이 만날 수밖에 없지만 일상에서 만나는 모든 것이 공부의 원천이 될 수 있다. 소통을 통한 기억의 차이는 긍정적으로 작용하여 우리 경험의 확장과 능력을 배가시킬 수 있다.

인생은 끊임없이 보다 나은 사람이 되어가는 것이다. 그러기 위해서는 자신을 주체적으로 만드는 지적 통찰과 반성이 있어야 한다. 현재의 만족으로부터 오는 유혹과 게으름에 빠져 미래를 내다보지 않으면 매일매일 근심 속에서 살아가게 된다. 1천여 년 전에 성리학을 집대성한 주희도 "늙기는 쉬워도 배움을 이루기는 어려우니, 한순간도 가벼이 보내지 말라"고 하지 않았던가. 리더를 꿈꾼다면 서재를 꾸며야 하고 실행력과 디테일한 부분까지 신경을 써야 한다.

빠르게 변화하는 세상은 우리에게 시련일까 기회일까. 세상을 바꾸고 싶다면 우리 자신을 높여야 한다. 진정한 리더라면 끊임없는 자기계발은 물론 겸손과 품위를 가지고 자신이 설정한 가치 추구를 위해 항상 노력해야 한다. 품위와 품격을 겸비한 준비된 리더는 낭중지추(囊中之錐)이다. 즉 재능이 뛰어난 사람은 아무리 감추려고 해도 저절로 그 재주가 드러나게 된다.

참고도서

강희정·김종호 외 지음, 『키워드 동남아』, 한겨레출판사, 2022.

구본권 지음, 『공부의 미래』, 한겨레출판, 2019.

김경집 지음, 『인문학은 밥이다』, 알에이치코리아, 2014.

김경집, 『진격의 10년, 1960년대』, 동아시아, 2022.

김기승 지음, 『고불 맹사성의 생애와 사상』, 고불맹사성기념사업회, 2014.

김난도 외, 『코리아 트랜드 2023』, 미래의 창, 2022.

김백철 저, 『왕정의 조건』, 이학사, 2021.

김일환, 「고불 맹사성의 재상정치활동 연구」, 『포은학연구』 19, 포은학회, 2017.

김준혁 지음, 『리더라면 정조처럼』, 더봄, 2020.

김창선 지음, 『맹사성의 후예』, 영신사, 2021.

데이비드 버스 지음, 이충호 옮김, 『진화심리학』, 웅진지식하우스, 2018.

도리스 컨스 굿윈 지음, 강주헌 옮김, 『혼돈의 시대 리더의 탄생』, 2021.

마스다 무네아키 지음, 『지적자본론』, 이정환 옮김, 2014.

미치오 카쿠 지음, 박병철 옮김, 『인류의 미래』, 김영사, 2019.

박영규 지음, 『한권으로 읽는 새종대왕실록』, 웅진 지식하우스, 2008.

박영규 지음, 『한권으로 읽는 조선왕조 실록』, 들녘, 1996.

설민석 지음, 『조선왕조실록』, 세계사, 2016.

순천향대학교 아산학연구소 편, 『아산학』, 보고사, 2022.

신영복 지음, 『강의』, 돌베개, 2005.

신영복 지음, 『담론』, 돌베개, 2015.

앵거스 플래처 지음, 박미경 옮김, 『우리는 지금 문학이 필요하다』, 로크미디어, 2022.

에릭 와이너 지음, 김하현 옮김, 『소크라테스 익스프레스』, 어크로스, 2021.

오드 아르네 베스타 저, 옥창준역, 『제국과 의로운 민족』, 너머북스 2022.

유시민 지음, 『국가란 무엇인가』, 돌베개, 2021.

이덕일 저, 권태균 사진, 『부자의 길, 이성계와 이방원』, 옥당, 2014.

이덕일 저, 『정도전과 그의 시대』, 옥당, 2014.

이덕일 지음, 『살아있는 한국사』, 휴머니스트, 2003.

이재운 지음, 『소설 장영실』, 책이있는마을, 2016.

이지성 지음, 『에이트』, 차이정원, 2020.

이철승 지음, 『불평등의 세대』, 문학과지성사, 2019.

임홍택 저, 『90년생이 온다』, 웨일북, 2019.

정재승 저, 『열두 발자국』, 어크로스, 2018.

제임스 클리어 지음, 이한이 옮김, 『아주 작은 습관의 힘』, 비즈니스북스, 2019.

조너선 하이트 저, 왕수민 역, 『바른마음』, 웅진지식하우스, 2022.

지그문트 바우만 지음, 정일준 옮김, 『레트로피아』, 아르테, 2018.

칼 세이건 저, 홍승수 역, 『코스모스』, 사이언스북스, 2006.

케이티 마튼 지음, 윤철희 옮김, 『메르켈 리더십, 합의에 이르는 힘』, 2021.

하지현 지음, 『소통의 기술』, 미루나무, 2007.

한국역사연구회 지음, 『조선시대 사람들은 어떻게 살았을까』, 청년사, 1996.

한스 로슬링, 이창신 옮김, 『팩트풀니스』, 김영사, 2019.

한지우 지음, 『AI는 인문학을 먹고 산다』, 미디어숲, 2021.

헬레나 노르베리 호지 지음, 양희승 옮김, 『오래된 미래』, 중앙북스, 2016.

홍승우 글·그림, 『조선남자 아이를 키우다』, 예담, 2008.

외 〈한겨레 신문〉 및 다수의 논문

찾아보기